私トリセツ

誰かにとっての
「良い子」を手放して
本当の自分になる方法

小林 舞 著
潜在美覚醒コーチ

手塚勇輔 監修
博士（ヘルスサイエンス）
パーソナル薬膳コーチ

合同フォレスト

タイプ別診断
～理想の未来を最短で手に入れるためには、自分のタイプを知ろう

あなたは、不調改善の取り組みをしているとき、あるいは、ダイエットなど目標を立てて行動しているとき、こんなふうに感じたことはありませんか？

「効果が実感できない」
「努力しても成果に繋がらない」

その結果、ついイライラしてしまったり、情報迷子になったり……。私にも覚えがあります。そんなとき、つい「自分の頑張りが足りないからだ」と考えがちですが、本当にそうでしょうか。たとえば、どんなに一生懸命に走っていても、それがゴールと反対の方向だったら、頑張るほどゴールは遠ざかってしまいます。つまり、無駄な努力をしていたことになります。もしかしたら、効果や成果が得られないのは、今のあなたに「合わない方法」で頑張っていたからかもしれません。

体質や不調の原因には、先天的な要素と後天的な要素が関わっているといいます。

子どもの頃は遺伝や親から引き継いだ要素の影響が強く、大人になると後天的な要素、つまり生活習慣や思考のクセなどの影響が大きくなるとされ、東洋医学では、30歳頃に先天的要素と後天的要素が入れ替わるといわれています。

成果を出しやすい人や、運が良い人、ピンチになってもなぜかうまくいく人は、心と体のバランスが取れていて、やるべきこととやらなくてよいことを明確に知っています。自分をよく分かっているので、周りに振り回されることなく正しく努力ができるのだと私は考えています。

自分を知るには、まず、心と体に向き合うことが大切です。すると、取捨選択はとてもシンプルになり、理想のゴールに向かってスムーズなスタートを切ることができます、取り組みの効果は出やすくなり、症状や体質の改善もスピーディーになるでしょう。

次ページに、あなた自身を知るための診断テストをご用意しました。当てはまる項目にチェックを入れてみてください。

自分のタイプを知り、「私トリセツ（12ページ参照）」を作る際に役立てましょう。

C「心の毒に押しつぶされそうな繊細」ちゃん

- □ 体が重い感じがする
- □ めまいや立ちくらみをする
- □ むくみやすい
- □ 胃がむかむかすることがある
- □ 背中のたるみがある
- □ 下腹部が冷たい
- □ 胃腸が弱い
- □ 雨の日は体調が悪い
- □ 体のどこかに痛みがある
- □ 便秘&下痢がある

D「感情の受け取り方ヘタクソ」ちゃん

- □ 冷えやのぼせがある
- □ 急な頭痛におそわれることがある
- □ 急な腹痛におそわれることがある
- □ イライラすることが多い
- □ そわそわする
- □ 気持ちのアップダウンが大きい
- □ ちょっとしたことに驚いてしまう
- □ 太りやすい
- □ 「やりたい」より「やるべきこと」を優先しがち
- □ 焦燥感を感じることがある

E「息してない!? 窒息５秒前」ちゃん

- □ 風邪でもないのに咳が出る
- □ 気分が落ち込む
- □ 頭が重い感じがする
- □ げっぷが多い
- □ ガスが多い
- □ 腹部の膨満感がある
- □ 些細なことが気になる
- □ 眉間にしわがあるorいかり肩である
- □ 不安を感じることが多い
- □ 寝つきが悪いor夢をよく見る

あなたのタイプはどれ？

タイプ別診断テスト

A〜Eの各項目のうち、当てはまるものにチェックを入れてみてください。チェックの数が最も多い項目があなたのタイプです。なお、同じチェックの数のタイプが複数ある場合は、それらすべてがあなたに該当するタイプとなります。

A「いつもひたむきトリセツ迷子」ちゃん

- □ 風邪をひきやすい
- □ 疲労を感じやすい
- □ 物忘れがある
- □ 軟便や下痢がある
- □ 代謝が低い
- □ 冷え性がある
- □ 抜け毛がある
- □ 食後に眠くなる
- □ 痩せ気味である
- □ 胃腸が弱い

B「他人に振り回され忍耐」ちゃん

- □ 月経痛がある
- □ 顔色が悪い
- □ 便秘気味
- □ 肌がくすみがち
- □ 生理前にニキビができる
- □ 肩こりがひどい
- □ 慢性的な疼痛がある
- □ ストレスを感じやすい
- □ 不安に感じることが多い
- □ 何かと忙しい

「はじめに」

～医師が治せないなら、自分で治す！

突然ですが、みなさんは、自分専用の「取り扱い説明書（私トリセツ）」を持っていますか？

私はかつて、医師から「この先、普通の生活は不可能」と言われた地獄の底から復活を果たしました。そして今なお、時間の流れに逆行し、若さやパフォーマンスを更新し続けています。これもすべて、「私トリセツ」（12ページ参照）を手にできたからにほかなりません。

ここで少し、私の過去のお話をさせてください。

私は34歳で大病をして寝たきりになるまでずっと、幸せになることを無意識に否定して生きていました。それは、幼少期に受けた、血の繋がらない祖母からの虐待がきっかけでした。

いつも自分の感情に蓋をして、体の痛みも心の痛みも誤魔化し続けるうちに何も感じなくなりました。つらいことがあってもへらへら笑い、「全然、大丈夫」があの頃の私の口グセでした。


無理をしている自覚もなく、ケガをしても、大きな手術で生死をさまよったときでさえも自分の体には無頓着。こうした心の歪みは確実に体を蝕んでいき、10代から30代の間に拒食症や過食症、うつ病、いくつかの腫瘍、脳症、心不全のほか、細かい病気も含めれば十数種類の疾患を診断されました。

それでもまだ、自分を労ることをせず、あるときなど、開腹手術の3日後には仕事に行くといった始末。病から、いえ、すべてから逃れるように必死に働く日々を送った結果、過労と不摂生がたたり、一時は寝たきりとなってしまったのです。

トイレも一人では行けない状態。家から出ることができない私は、大好きだった営業の仕事もクビになりました。悪いことは続きます。治療を続け2年が経過した頃、当時の主治医から「心臓がこのままではもたない。長くは生きられないかもしれない」との宣告が。さらに「病院でできることはもう何もない」とサジを投げられてしまったのです。

ずっと望んでいた「死」が目の前にありました。そのとき出てきた感情は、私にとって意外なものでした。

「え……なんで?」という戸惑いを覚えると同時に、恐怖の渦に飲み込まれたのです。絶望と悔しさに翻弄され正気を失っていく中で、私の頭に唯一残ったのは、娘のことでした。「彼女の未来を見守れないかもしれない……」「一緒に笑えるのはあと何回?」そう考えると、涙が溢れて止まらなくなりました。

いつもへらへら笑って生きてきた私は、自分の感情を扱うことが初めてで、どうしていいか分からずに、ただただ泣き続けました。そしてこの「死」という絶望の淵に立って初めて、「生きたい」と感じることができたのです。永らく忘れていた感情でした。

最終通告を突きつけられ、やっと自分の本音が聞こえた瞬間に、私の中で何かが変わりました。

「生きてやる！」

「医師が治せないなら、自分で治す！」

そう固く心に誓い、運命への怒りは覚悟に変わりました。これが今にいたるすべての始まりです。

死に物狂いで食事と心の健康についての学びを進めました。師との出会いもあり、教えを深めることで現在のメソッドの基礎ができていきます。すると、不調はみるみる回復していき、わずか半年で生活に支障がなくなりました。さらに、1年後には社会復帰を果たすまでに回復できたのです。身をもって知った、まさに「命を救われた食事術」でした。

私はぎりぎりのところで救われましたが、同じように苦しんでいる人は私だけではないはずです。「人は病気に殺されるんじゃない、希望を失うから生きていけないんだ」と、自身の経験から学びました。
病院に行っても改善しない痛みや不調を抱えて苦しむ人を一人でも多く救いたい。一人ひとりが生まれながらにして持つ可能性を開花させたい。だから、この健康コーチングという仕事に人生をかけよう。そして、師への恩返しを、次世代への恩送りというカタチで返していこう。すでに心は決まっていました。

この仕事を始め、クライアントさんに伴走していく中で、気付いたことがあります。
食事は土台として大切ですが、万能ではないということです。たとえば、健康意識が高いのに健康とは言い難い人がいるほか、治療や取り組みを辞めた途端にリバウンドしてしまう人や、ジャンクフードを少し食べただけで体調を崩してしまう、という例も多く見聞きしました。

そういった人たちの状況を確認してみると、どうやら「無理な制限」や「我慢」をしていることが多いようです。「健康を手に入れ、維持するためには、制限や我慢は仕方ないもの」と思い込み、それを律儀に守ろうとするあまり、自分の内なる感情をないがしろにし、心の、魂の声を無視しているのです。

健康のためだからと、好きでもない食べ物を「まずい」と思いながら食べる。しかも、本当に食べたいものを我慢して。そんな食生活、ストレスがたまりませんか？

いくら「体に良いもの」を食べても、ストレスを感じながらでは真の栄養にはなりません。逆に「毒」になってしまうことさえあります。

メンタルは体へ瞬間的で強力に作用します。それは良い方向にも悪い方向にも、です。しかし現代のようなストレス社会の中で、ストレスをためないことは不可能に近いことでしょう。

そこで鍵を握るのがこの考え方です。

「心（魂）の声に沿った生き方をしているかどうか」

そして、その考えを実行するときに必須となるのが、心の声を言葉にした「私トリセツ」です。

何を取り入れて何を排除すれば心も体も健康になれるのか？「私トリセツ」は、万人向けの一般論ではなく、自分専用のＡｎｓｗｅｒ（答え）を言語化し、いつでも再現できる形に落とし込んだものです。健康に限ったことだけでなく、自分自身についてのあらゆることを盛り込んでいきます。

「私トリセツ」があれば、健康についてはもちろん、お金の問題や人間関係のトラブルといったもの、メンタルから派生する悩みなど、さまざまな課題に対する根本原因を見付けて、解決へと向かわせることができます。さらに、このような効果も生み出します。

- 目標の達成が早くなる。
- 周りの人が優しくなり、大切に扱ってもらえる。
- 世界の見え方が変わる。
- 豊かな時間やお金が手に入る。

そうです、苦しみは手放して大丈夫です。

病気になったことを、運命を、今の自分に生まれたことを、後悔したり恨んだりしないでください。それは、決してあなたのせいではありません。そして、望めばいくらでも変えていくことができます。

もしこれまでが望んだ人生でなかったとしても、それはあなたが「私トリセツ」を持っていなかっただけのこと。もしくは、誰かのトリセツに無理をして合わせ、体や心が誤作動を起こしていただけなのですから。

本書では、「私トリセツ」を手に入れるための5つのエレメント（食事術・思考・感情デトックス・感情キャッチ・呼吸）についてお伝えしていきます。

本を閉じる頃にはきっと、あなたが生まれ持った可能性と出逢えるはずです。楽しみながら読み進めていただければ幸いです。

目次

第2章 思考の正体を知って、負のループから抜け出す

第3章 感情のデトックスで健康体質を手に入れる

第4章 受け取る感情が変わると世界は見違える

第5章 正しい呼吸で自分の可能性を最大化させる

第6章 事例公開！「私トリセツ」で生まれ変わった人たち

第1章

メンタルの改善は食事から

～命を救われた食事術

1

「私トリセツ」を作る前に知っておくこと

本章では、「バランスの良い食事」という通説に対して疑問を投げかけ、あなたにとっての「最適な食事」ひいては「私トリセツ」を作るための基礎となる食事術を提案していきます。

そのため、時には農林水産省による「食事バランスガイド」や健康に良いとされるさまざまな食事術と異なる場合もあるかもしれません。ですが実際に、このノウハウで成果を上げた人は多くいます（詳細は第6章参照）。どうぞ、安心してトライしてみてください。

さて、こんな健康に関する論争を、あなたも耳にしたことはありませんか？

● 1日3食しっかり食べたほうがよい VS ファスティング※1をしたほうがパフォーマンスが上がる

※1　ファスティング——一定の期間、食べ物を断つ行為。多くは固形の食べ物を半日から数日間摂取しないことを指す。摂取するものや栄養素が決まっているやり方などもある。

●糖質（白米）は摂らないほうがよいVS摂ったほうがよい
●ケトジェニックダイエット（食事法）※2をすると健康になるVS体に良くない

正反対の主張が真っ向から対立し、「こちらが真の答えだ！」と言う人が両意見ともに出てきて、どちらが正解なのかと混乱するばかりです。けれど、情報の検索を一旦止めて、考えてみてください。

――正解って「誰に」とってのもの？――

どんなに良いものであっても、理論上は正しい方法だったとしても、万人にとっての「正解」なんて存在するのでしょうか。

人間は一人ひとり、体型も、持っている遺伝子も、抱えている症状も違います。他にも、不調に大きく影響する環境や感情、思考を含めると、まったく同じ状態の人などいないはずです。だとしたら、あなたにとっての「正解」も、私にとっては「不正解」になるかもしれません。

※2　ケトジェニックダイエット――糖質を制限し、良質な脂質とタンパク質を摂取することで、メインのエネルギー源を糖質から脂質とする体に切り替える食事法。

タイミングや相性によっては、優れた健康法が薬にもなれば、毒になることもあります。「これが正解」と、答えを決めつけることは、リスクが高いと言わざるを得ません。

現在、健康に不安がある人、何らかの症状を抱えて悩んでいる人、努力しているのに理想を手にできていない人は、世に出回る健康法を一度、手放してみましょう。そして、あなた自身の「心（魂）の声」に耳を傾け、あなたにとっての正解、つまり、あなた専用に完全にカスタマイズされた「私トリセツ」を手に入れましょう。

医学の父と呼ばれたヒポクラテスはこんな言葉を残しています。

「食べ物で治せない病気は、医者でも治せない」
「食べ物について知らない人が、どうして人の病気について理解できようか」

医師は、自身の専門分野に関する治療や検査、処置についての知識や経験は豊富です。
しかし、現代医療はいわば対症療法であり、慢性疾患や不定愁訴（なんとなく不調）に関して、食事内容の改善を重要視し、治療に積極的に取り入れる医師はまだまだ少ないようです。

そして、食事を含む生活の「環境」が体に及ぼす影響は、小さなものではありません。

近年は、遺伝子検査が受けやすくなり、身近になりました。「遺伝的にガンになる運命だ」「小食なのに痩せられないのは遺伝だから仕方がない」といった声が挙がる一方で、遺伝子の研究が進み、病気や体質のリスクは捉え方が変わってきています。

現在は、たとえガンになる遺伝子を持っていたとしても、発現――スイッチｏｎの状態に――しなければ、あるいはスイッチｏｆｆの状態にできれば、問題にはならないというのが遺伝子研究の分野においての見解です。そして、「発現（スイッチのｏｎ－ｏｆｆ）」に関与しているのが、まさに食事を含む生活の「環境」なのです。

「遺伝子」の影響は、3～4割にすぎない
「環境」の影響は、6～7割である

という説があります。それに基づけば、遺伝子の影響に比べて、環境の影響はほぼ2

倍です。

遺伝子はただの傾向性であり、運命を決定づける要因ではないともいえます。生まれ持った遺伝子自体を変えることは難しいですが、環境は後天的なものですから自分の意思でいくらでも変えることができます。その「環境」の要となるのが「食事」と「心の健康」です。

では、具体的な食事術を見ていく前に、基本となる考え方の４つのポイントを押さえておきましょう。

①カロリー制限（脂質制限）は逆に太りやすくなる

カロリー制限というと、大半の人は、まず脂質の制限が頭に浮かぶと思います。確かに、一時的な減量効果は得られるかもしれません。しかし、長期的にはリバウンドの原因となるだけでなく、さまざまな不調のもととなってしまう可能性があります。

その理由は、②の項目で一緒に説明します。

➡『脂質＝太る、悪という考え方はもう古い』

②良質な脂質を積極的に摂取する

良質な脂質を摂取することで、余分な体脂肪が燃焼されやすい体作りが可能となります。

「アブラは太る」から避けてきたという方や、「動物性脂肪は、動脈硬化や心筋梗塞の原因になる」から減らすよう指導されたという方も多いでしょう。そのため、こうした考え方は受け入れにくいかもしれませんが、細胞の成り立ちと仕組みが分かれば納得です。

60兆個ある全身の細胞は、乾燥重量（水分を除いた成分の重量）の3～5割が脂質だといわれています。細胞膜も脂質がないと作ることができません。つまり、体に必要なアブラを摂らないと、細胞の生まれ変わりがうまく行われなくなり、老化や病気に繋がる恐れがあるのです。

⬇『良質なアブラをしっかり摂ることが初めの一歩』

③多すぎる糖質は、体だけでなく心も壊していく

農林水産省が発行している食事バランスガイドでは、主食として一日当たりの摂取

カロリーの50〜65%を炭水化物から摂取することを推奨しています。しかし、これでは糖質過多の危険があり、さまざまな臓器や血管に「炎症」を起こしかねません。健康体質を目指すのなら、糖質の摂取は最小限に。糖質過多はメンタルの不調とも無関係ではありません。血糖値スパイク（食後の血糖値の急上昇・急降下）や低血糖があると、イライラしたり、悲しくなったり、鬱々したり、と精神状態にもダイレクトに影響します。

また、過剰な糖質の摂取は、その代謝の際に大量のビタミンやミネラルを必要とするため、体内のビタミン・ミネラルの必要量を不足させてしまいます。その結果、意欲や心の安定に関わる脳内ホルモンの生成や脳神経細胞の代謝がうまくできなくなることで、メンタルの回復にも影響が及んでしまうのです。

➡『落ち込みやすいのは性格ではなく、栄養のせいだった!?』

④継続できない健康法は机上の空論

おいしくない、制限ばかりで楽しめない、決まりが多くて調理が面倒などの我慢を続けると爆発して暴飲暴食してしまい、結果リバウンド……。健康法は根性論では成り立ちません。「継続できない」方法を無理して続ければ、こうした悪循環に陥ってしまいます。

食事も体のケアも一生続くものです。前向きに継続的に取り組めることが大切。タンパク質が○○g、エネルギー○○kcalといった数字ばかりに気をとられるのはナンセンスです。

⬇『根性論ありきの健康法はただの自己満足!?』

では、こうした土台となる考え方を踏まえた上で、多くの人が陥りがちな健康法のワナについて少しお話ししていきます。

2 健康法に取り組むほど不健康になる人

昨今の健康ブームの過熱ぶりには目を見張るものがあります。メディアはこぞって健康特集を組み、コンビニには健康を謳うスイーツが並び、今やカップめんも健康志向。世の中の健康意識は過去最高潮ともいえます。

その中でもよく耳にする2つの健康法「ケトジェニックダイエット」(21ページ参照)と「腸活」について見ていきたいと思います。

どちらも数年前から、健康志向の「アイコン」ともいうべき存在。テレビや雑誌で目にしたり、SNSやネットなどで検索したりしたことがある人も多いのではないでしょうか。

ケトジェニックダイエットは、ハリウッド女優や有名アスリートなどが取り入れていることで話題になりました。腸活も、健康や美容に効果があるとして、発酵食品のメソッドやレシピが数多く出ています。

ところが、ケトジェニックダイエットを実践した人の中には、ダイエットは成功したけれど生理が止まった、ダルさを覚えるなど、別の不調に悩まされるようになったという声もあります。また、食物繊維や発酵食品を積極的に摂って腸活をしているのに、お腹の調子がかえって悪くなったと感じる人もいるようです。

では、効果を感じられず、不調が改善されないのはなぜなのか？

主な原因としては「自分の体には合わない方法だった」もしくは「タイミングを間違えていた」などが挙げられます。

この2つの原因を解決し、不調を改善し効果を得るためには、ケトジェニックダイエットと腸活のデメリットを押さえておく必要があります。

こんなケトジェニックダイエットには気をつけて

「短期間で痩せられるダイエット法」と認識している人も多いケトジェニックダイエットですが、もとは、てんかんなどに対する食事療法からきています。それがいつしか健康やダイエットに良いと広まったものの、ただの糖質制限と混同していたり、偏った指導、たとえば、外国人向けのやり方をそのまま日本人に行う※3などをしてしまう人も多く、正しく行えていないようです。

※3 ―― 人種によって、腸の長さや腸内細菌の種類、バランスが違うので、調整が必要とされる。

また、ケトジェニックダイエットは体に負担をかける食事法でもあるため、専門家の管理のもとで行わないとリスクが生じます。特に、次に挙げるような方は安易に取り入れないようにしましょう。また、心臓に不安がある人には禁忌となります。

▽ケトジェニックダイエットに向いていない人

- 低体重や体力のない人
- 摂食障害の罹患歴がある人
- 何らかの持病がある人
- 成長期の子どもや妊婦
- 虚弱体質や消化能力が弱い人（現代の日本人には多い）
- 脂質代謝に異常がある人

さらには、ケトジェニックダイエットには一定のメリットはあるものの、まだ歴史が浅く、長期間行った際の人体に与える影響についてなど、未知な部分も多々あります。そういう意味では、必ずしも安全性が担保されているとは言い難いので、専門家の指導もなく長期間行うことはおすすめしません。

こんな腸活には気を付けて

下記に挙げる腸活は、腸が「健康な人」が行えば良いことばかりです。問題は、腸が「健康ではない人」が行うと腸の調子が「さらに悪くなる」場合があるということです。

- 食物繊維を大量に摂る。
- 特定のお茶やハーブでお通じを改善する。
- 発酵食品を積極的に食べる。
- 酵素ドリンクやスムージーを飲むのが日課。

腸内細菌は善玉菌、悪玉菌、日和見菌《ひよりみ》という3種類の菌の絶妙なバランスから成り立っています。ですから、バランスが乱れ悪玉菌が勢力を持つ腸に、ただ善玉菌を入れても、日和見菌が悪玉菌に加勢する働きをするため、悪玉菌がさらに勢いを強めてしまい状態は悪化、となることもあります。「良い菌を増やす」前に、まず「悪い菌を減らす」ことが重要なのです。

また、消化能力が弱っている腸に食物繊維など消化の負担がかかるものを入れると、便としてスムーズに排出することができず、体内で腐敗し、より多くの毒素を撒き散らしてしまうこともあります。

情報のメリットばかりに踊らされるのではなく、デメリットや向き不向きなども理解することが大切。たとえばダイエットでも、極端な食事制限をしたり、同じものばかりを食べたりする〝非科学的な食事術〟はあまり良い結果をもたらしません。なぜなら、太る根本原因を無視しているからです。さらには、脂肪だけでなく筋肉量や代謝も一緒に落ちてしまう、という最大のデメリットを見落としているからです。

その結果、元の食事に戻せば即リバウンド。こうしたダイエットとリバウンドを繰り返すごとに痩せにくくなり、免疫力の低い貧弱な体になってしまうことでしょう。

何度も言います。健康法に万人にとっての正解はありません。真の健康を得るには「自分自身の体の状態を知る」ことが柱となってきます。
さあ、いよいよここから「私トリセツ」作りのための学びを始めていきましょう！

3 60兆個の細胞を最適化していく食事とは
～ベースの食事法

食べ物は、体や血液を作ってくれるだけでなく、健やかな心を作ります。同時に、それらを守っていくための自然治癒力も、食べるものによって増強することができます。

食事術のベースとなる考え方は「高品質な食べ物を満足するまで食べる」というものです（図1－1、1－2）。

高品質な食べ物とは、オーガニックなど、できるだけ自然に近い環境で育てられた野菜や果物、肉、魚であること。そして、化学物質（農薬、除草剤、殺虫剤、抗生剤、ホルモン剤など）になるべくさらされていないものが望ましいのです。これらを使うことが経済的に難しい場合は、加工食品よりホールフード（自然に近い形のもの）を食べることを心がけましょう。

ここではベストな食事についてお伝えしていきます。ですが安心してください。一生我慢をし続ける、なんていう必要はありません。

食事術・思考・感情デトックス・感情キャッチ・呼吸という5つのエレメントを通してあなたは「最強な腸」を手に入れるでしょう。すると、たとえジャンクな食事を摂ったとしても、体に害のない形で排出できるようになるので、不調を感じることはなくなります。

自分の体調や目的に合わせて、楽しみながら取り組んでみてください。

図1－1

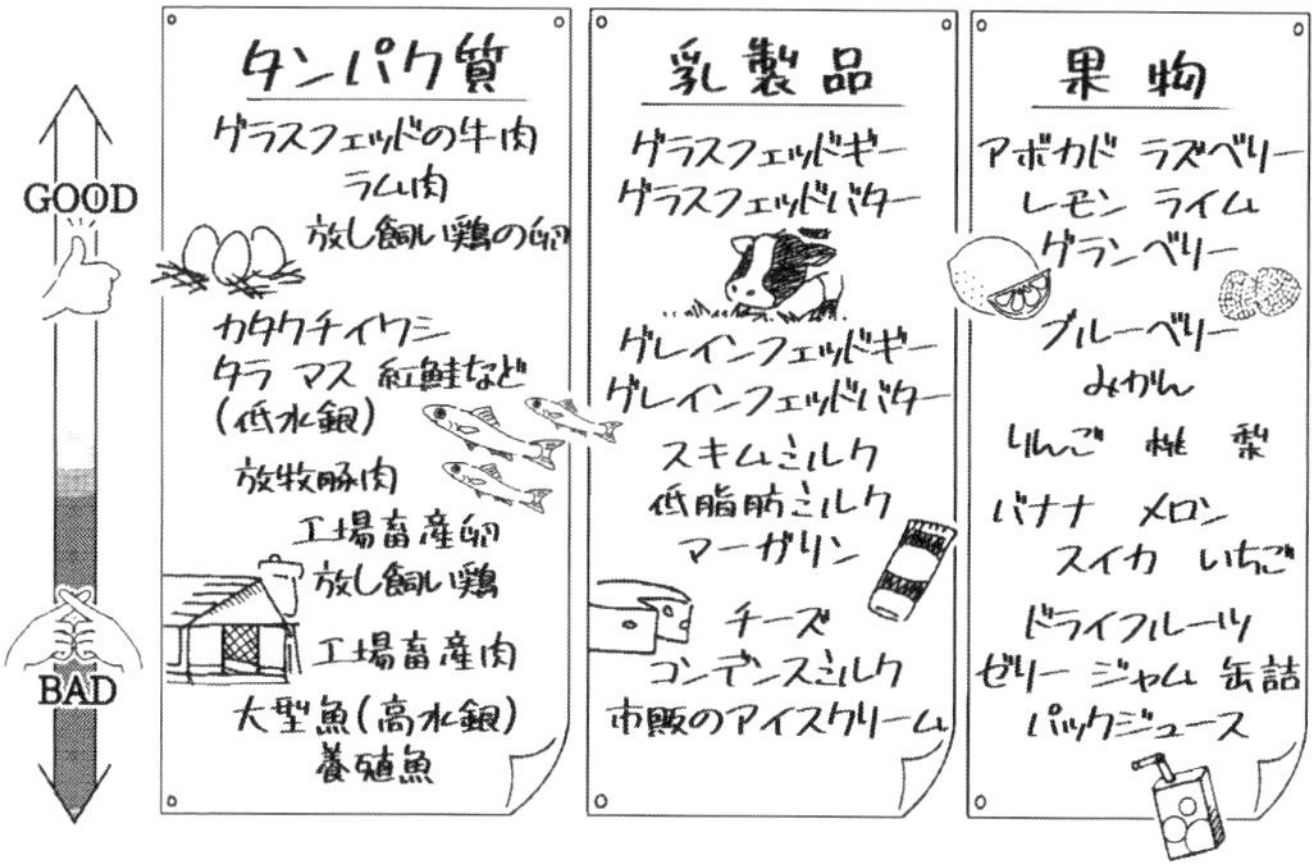
GOOD
BAD
タンパク質
グラスフェッドの牛肉
ラム肉
放し飼い鶏の卵
カタクチイワシ
タラ マス 紅鮭など
（低水銀）
放牧豚肉
工場畜産卵
放し飼い鶏
工場畜産肉
大型魚（高水銀）
養殖魚
乳製品
グラスフェッドギー
グラスフェッドバター
グレインフェッドギー
グレインフェッドバター
スキムミルク
低脂肪ミルク
マーガリン
チーズ
コンデンスミルク
市販のアイスクリーム
果物
アボカド ラズベリー
レモン ライム
クランベリー
ブルーベリー
みかん
りんご 桃 梨
バナナ メロン
スイカ いちご
ドライフルーツ
ゼリー ジャム 缶詰
パックジュース

図1－2

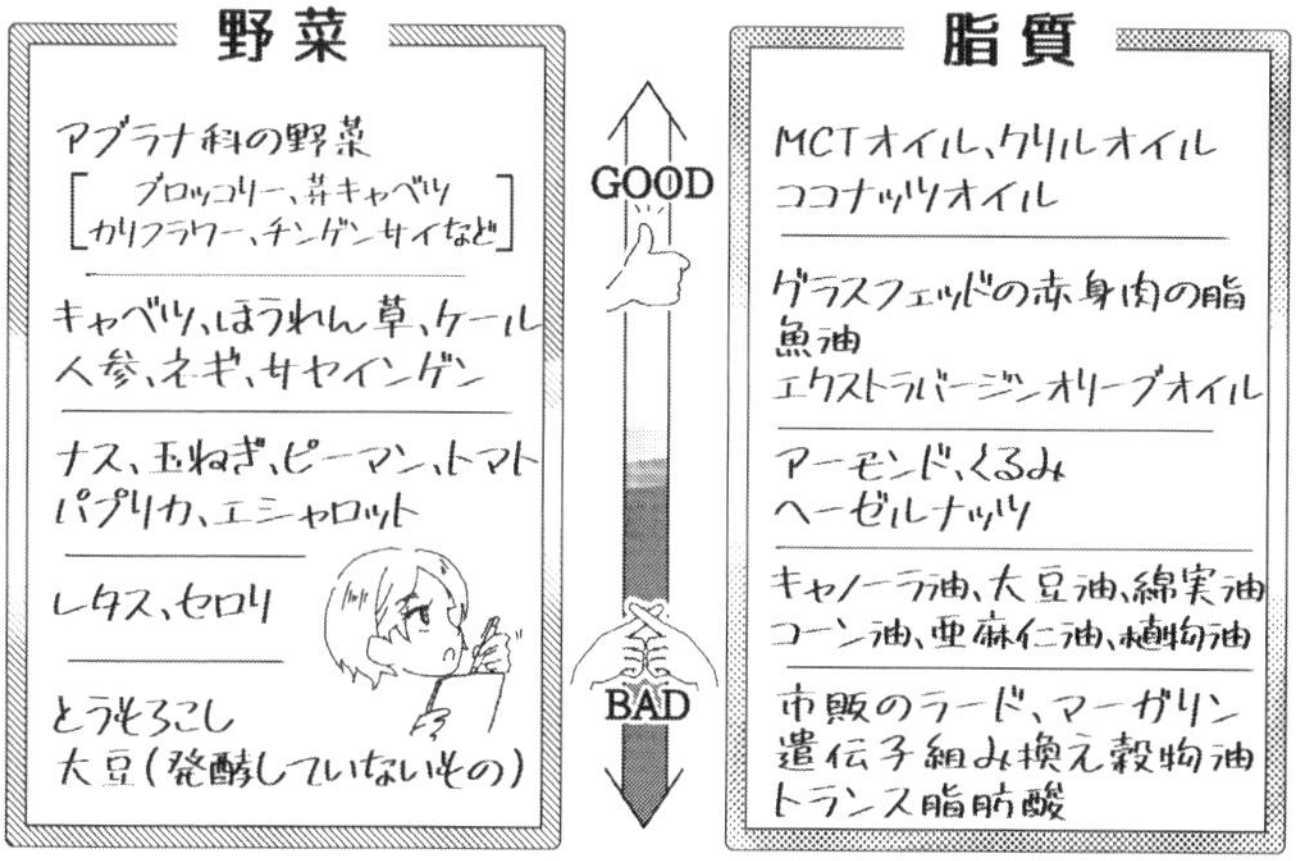
野菜
アブラナ科の野菜
［ブロッコリー、芽キャベツ
カリフラワー、チンゲンサイなど］
キャベツ、ほうれん草、ケール
人参、ネギ、サヤインゲン
ナス、玉ねぎ、ピーマン、トマト
パプリカ、エシャロット
レタス、セロリ
とうもろこし
大豆（発酵していないもの）
GOOD
BAD
脂質
MCTオイル、クリルオイル
ココナッツオイル
グラスフェッドの赤身肉の脂
魚油
エクストラバージンオリーブオイル
アーモンド、くるみ
ヘーゼルナッツ
キャノーラ油、大豆油、綿実油
コーン油、亜麻仁油、植物油
市販のラード、マーガリン
遺伝子組み換え穀物油
トランス脂肪酸

4 腸の乱れは地獄の始まり ～考慮すべき症状と食材

健康法を始めるときに、まずやってしまうのが、「この食品は〇〇にいい」「この栄養素を増やすと〇〇が良くなる」といった、何かを「足す」アドバイスばかりに意識を向けてしまうことです。

たとえば巷には、「トマトで医者いらず」「水は毎日2リットル飲む」などの情報が溢れていますが、栄養は体に入るだけでは意味がありません。「吸収」されて初めて、細胞にとっての「栄養」となることができます。ただし、その過程で腸の状態を見落としてしまえば、栄養になるはずのものが毒になることもありえます。

栄養を取り入れるのに欠かせない腸の役目は、大きく分けて2つです。

①栄養素と水分を吸収する

②老化や病気を防ぐ免疫システム

こうした腸の働きがスムーズにいくことにより、私たちの体は、エネルギーを作ることができます。そして、傷付いた細胞を癒やすとともに、健やかな新しい細胞を作り出すことで、体の健康や機能を保っています。

また腸は免疫システムにおける、「第一の防波堤」とも呼ばれ、体を守るバリア機能をいくつか有しています。「腸内フローラ」「腸管粘液」「免疫グロブリン」「腸管上皮」「粘膜下の免疫細胞」で構成された最強の門番たちがスタンバイ。鉄壁の守りにより、有害物から体を守り、解毒《げどく》して体の外に出すという流れがスムーズに行われるのです。

解毒というと、肝臓を思い浮かべるかもしれませんが、第一線に立つ解毒器官は腸。悪いものを食べたときに嘔吐や下痢をするのは、解毒と排出の反応の結果だといわれています。もしも必要以上に薬で止めたりすれば、細胞を傷付ける毒素が体の中にとどまったままとなり、炎症が長引くこともあります。

腸の機能が落ちてうまく働くことができなくなると、「必要な栄養素が取り込めない」「毒素を排出できない」体になってしまいます。すると、さまざまな組織や臓器に不具合が起きたり、免疫力も落ちてさまざまな病気の引き金となっていく可能性が高くなります。

そうならないためには、腸に汚れをためないこと。そして、障害となっているものを状態に応じて除去してあげることが大切です。

腸を健康に保つために、まず、あなたの体に炎症や免疫反応を引き起こす食物がないか、テストをしてみましょう。

炎症や免疫反応として考慮すべき症状は、以下の通りです。

【アレルギー、アトピー、肥満、喘息、頭痛、疲労感、下痢、便秘、膨満感、うつ状態、関節痛、自己免疫疾患など】

行うのは、ハリウッドスターやサウジアラビアの王族をはじめとする世界のトップエグゼクティブに健康指導を行い、『世界のエグゼクティブを変えた超一流の食事術』（サ

図1－3

＜5つのステップで行う食物テスト＞

Step 1　食事歴の確認

同じ物を長期間食べていないか

Step 2　体の反応が起こりうる食品の確認

不明な場合は、除外プラン①②を行う

Step 3　どの食事プランにするか、また期間を決める

最低28日間（程度により3～6ヵ月）

Step 4　28日経過後、1品ずつ「再導入（再び食べる）」をする

複数の場合は、3日ごとに導入

Step 5　「再導入中」の体と心をモニタリング

再導入した食物を3日間続けて摂取、体と心（感情）の変化を観察する

ンマーク出版、２０１６年）の著者でもある、アイザック・ジョーンズ博士から直接習った「5つのステップで行う食物テスト」（図1－3）といって、体に反応が起こる可能性がある食物を一定期間除去するというものです。初めに4～6週間の除去を行い、その結果により何らかの反応が出たものは、さらに3～6カ月除去を継続します。その後、除去した食べ物を再導入（再び食べてみる）。改めて体の反応を観察します。

ここで注意してほしいのが、遅延型アレルギー検査などで反応のあった食物をすべて除去する人もいますが、必要のないものまで除去することにもなり、栄養不足に陥ったり、過度なストレスから不調が悪化したりする場合もあり、あまりおすすめはしません。遅延型アレルギー検査の有用性は、反応の出ている食物を「食べていいか、悪いか」ではなく、自分の腸がどれほど「傷んでいるか」を判断する材料の一つといえます。（日本小児アレルギー学会では「遅延型フードアレルギー検査は食物アレルギーを判定する上では意味がない」と正式見解を出しています。）

39ページに示す食物テストのＳｔｅｐ2にある「除去プラン」は、次に挙げる2段階に分けて行います。

［除去プラン①］グルテンフリー／乳製品フリー

グルテン（小麦に含まれる成分）や乳製品を含む食物を除去します。あなたの免疫システムがグルテンや乳タンパクに反応しているなら、これらの食物を避けることで体の炎症が治まるでしょう。グルテンや乳タンパクは、胃腸障害、肌の不調、代謝機能障害などを含む多くの症状に関与します。

［除去プラン②］炎症や免疫反応を誘発する可能性がある食物

免疫反応を誘発する一般的な食べ物を除外します。

【除去される食物】大豆、加工肉、砂糖、アルコール飲料、卵、トウモロコシ

これら以外の食べ物が体に反応を起こす原因と考えられる場合は、それらも合わせて除去します。

5 もう我慢なんていらない！脳の「クセ」を活用した栄養の摂り方

「痩せたいから大好きなチョコレートもビールも封印！」と決めたけれど、「ダメだ」と思うと余計に食べたくなってストレスがたまり、些細なきっかけで暴飲暴食してしまった。そんな人もいるでしょう。また、なんとか頑張って我慢できているけれど、毎日の楽しみがなくなって仕事もやる気がでない、なんて人もいるかもしれません。

そんな我慢ばかりをしている人を見るたびに思います。

「どうして修行みたいなことをするのだろう？」

変化を起こすときに努力は必要ですが、苦しみはいりません。それでも、犠牲なくして手に入れられるわけがない、と思い込んでいる人がほとんどです。

確かに巷の「健康になりたい」「痩せたい」という要望に対するアドバイスといえば、「○○を食べるのをやめましょう」や「運動を頑張りましょう」など、負荷ありきのものが圧倒的です。私自身、10代の頃から散々ダイエットも健康法も繰り返し行ってきたので、制限ルールに振り回されていたことがありました。

食べることが何より大好きだったのですが、我慢に我慢を重ねていました。それがのちに負担となって体に表れ、不調が増えたり、うつが悪化して拒食症を発症してしまうなど、ふんだりけったりでした。

最終的に「食べたいものは食べたいし、キレイも健康も手にしたい！」という欲張りな願望を丸ごと叶える方法を模索するに至ったのです。両立の方法を真面目に真剣に考え続け、遂に見つけました。

それは、ストレスがかからない程度に日常をちょっとずつ変えていくことです。「現状維持バイアスの逆利用」と「行動するからやる気が出る」という脳の2つのクセを利用した、とてもシンプルな方法ですが、これが効果てきめんでした。

脳は新しいことを始めるのが大の苦手です。

個人差はありますが、私たちの日常生活のおよそ半分は「習慣」から成り立っているといわれています。そこに新しい行動を取り込むことは脳にとって難しく、大きなストレスでもあります。これは「現状維持バイアス」と呼ばれ、脳が変化を避けて現状維持を求め、状況が好転すると分かっていても行動できない心理傾向のことをいいます。

ですから、「始められない」「続けられない」のは忍耐力や性格の問題ではなく、脳のクセが引き起こす自然な現象なのです。

しかし、世の中にはどんどん新しいことにチャレンジし、それを継続している人は存在します。その人たちは意志が強くて人間的に立派だからできるのではありません。脳のクセをうまく利用しているだけなのです。新しいことが苦手なら、いつも行っていることを少しずつ変えていけばよいのです。

①ハードルを下げる→ごく小さなスモールステップにする

②徐々に伸ばしていく→ノンストレスなので継続できる

③既に習慣化されていることに組み合わせる→より抵抗感が減る

たったこれだけで、脳の「現状維持バイアス」を逆利用することができます。

もう一つの脳のクセについても考えてみましょう。

「行動したいけれど、やる気がない」というのもよく聞く話です。私自身にも覚えがあります。この場合、「やる気が出る→行動する」という順序で物事を捉えています。けれど、脳科学においてその順序は〝逆〟。「側坐核に刺激を与える（『行動する』）ことでやる気が出てくる（作業興奮）」とされています。

①行動することで脳の側坐核（前脳の神経細胞：「報酬」「快感」「恐怖」などに関わる部位）が刺激される。
②側坐核が刺激されるとドーパミンが分泌される。
③ドーパミンが分泌されることでやる気が出る。

ドーパミンは幸福ホルモンとも呼ばれ、快感や達成感をもたらすホルモンです。また側坐核から分泌されるアセチルコリンという神経伝達物質も、やる気や集中力を引き出す要因だといわれています。やりたくなかった掃除も渋々始めてみたら、いつの間にか時間を忘れて家中をピカピカに磨き上げていた、なんて経験をしたことはありませんか。これは「作業興奮」という脳の機能によるものです。

行動する前はやる気がなくて当然なのです。やる気は「後」からついてきます。

私が以前、うつ病や過食症を患っていた頃、スイーツや菓子パンで糖質まみれの食生活を送っていました。コーヒーや紅茶などの飲み物にも砂糖をドバドバ入れ、混ぜるとドロっとするほど。異常ともいえるほどの糖質依存でしたが、この脳の2つのクセを活用することでストレスをまったく感じずに依存状態から卒業することができました。

これが、もし従来の「我慢ばかり」のやり方であれば、私はさらに重度の糖質依存になっていたのかもしれません。

column

食べ物でうつが良くなる⁉

すぐに落ち込む、些細なことで悲しくなる、キレやすい、いつもイライラしている。そんな大人や子どもが、年々増えている気がします。そして、疲れやすい、気分が晴れない、眠りが浅いなど、うつ状態に近い精神的な不調が性格によるものではなくて、摂っている食べ物の問題だとしたらどうでしょう?

厚生労働省が3年ごとに行っている「患者調査」によると、1996年には43・3万人だったうつ病などの気分障害の総患者数が、2008年には104・1万人と12年間で2・4倍にまで増加しました。うつ病患者の受診率は低いと考えられているので、実際にはこの数字以上の患者がいることが推測されます。

私も10代から20代でうつ病や摂食障害、パニック発作などいくつかの精神疾患を患いました。精神科や心療内科への通院や服薬、カウンセリングや催眠療法などを患者として経験しましたが、薬の副作用で体調が悪化する以外は何一つ変化がありませんでした。そこで私は通院をやめ、心理学や自己肯定感、インナーチャイルドなどメンタルについての勉強をするようになります。最終的には、自らのメソッドに沿った食事術に取り組む中で、いつの間にか良くなっていきました。

その頃、栄養素の欠乏や過多が不安定な気分を作る「栄養型うつ」のことを知り、すべて合点がいきました。

心が不安定になりやすいのは、性格や忍耐力などのせいではなく、食事が心に及ぼす影響は計り知れないものだったのです。

精神科専門医の奥平智之氏は「メンタルヘルスは食事から」をモットーに栄養精神医学の大切さを啓発し、医療現場でも実際に栄養指導を取り入れて多くの成果を出されています。

第2章

思考の正体を知って、負のループから抜け出す

1 思考を変えずに健康体質を手に入れようとしても〝リバウンド〟がついてくる

好きなことは放っておいても勝手にやるけれど、嫌いなことはなるべくやりたくない。至極当たり前の話です。

たとえば、タバコが嫌いな人は、タバコを吸わないし、甘いものが嫌いな人は、甘いものを食べません。走ることが好きな人は、毎日でも走れますし、ゲームが好きな人は、夜更かししてでもゲームを続けます。

この「当たり前」が健康やダイエットにも活用できたら、実行がぐっと楽になると思いませんか？　新しい目標を達成するなら特に、この視点を取り入れると効果的です。まるで自動操縦をしているかのように、自分の理想や夢が「勝手に叶う状態」に突入します。しかも、努力や我慢をせずに叶うようになるのです。

スピリチュアル的に言うところの、いわゆる「引き寄せ」なのですが、本書では心理学、または脳科学の視点から、これを紐解いていきます。

古代から、生物の進化に合わせて脳も進化を重ねてきました。その結果、人間は3種類の脳を持つことになったという仮説があります。アメリカ国立精神衛生研究所の脳進化学者、ポール・D・マクリーン博士が提唱する「脳の三位一体論」です。

3種類の脳とは、原始的で本能的な「脳幹」、喜怒哀楽や愛情、恐怖などを感じる「大脳辺縁系」、そして、理論的で未来的な考える脳「大脳新皮質」のこと。これを意志がコントロールできる部分とそうではない部分で分けると、理論的な「人間脳（大脳新皮質）」と本能的・感情的な「古い脳（脳幹、大脳辺縁系）」に分けることができます（図2－1）。

物事がうまくいきやすい人は、人間脳と古い脳の意見が一致して仲良く手を取り合っている状態です。反対に、努力しても困難だらけで空回りしてしまう人は、人間脳と古い脳が一致せずにそっぽを向いている状態といえます。このように、人間脳と古い脳が

図2－1

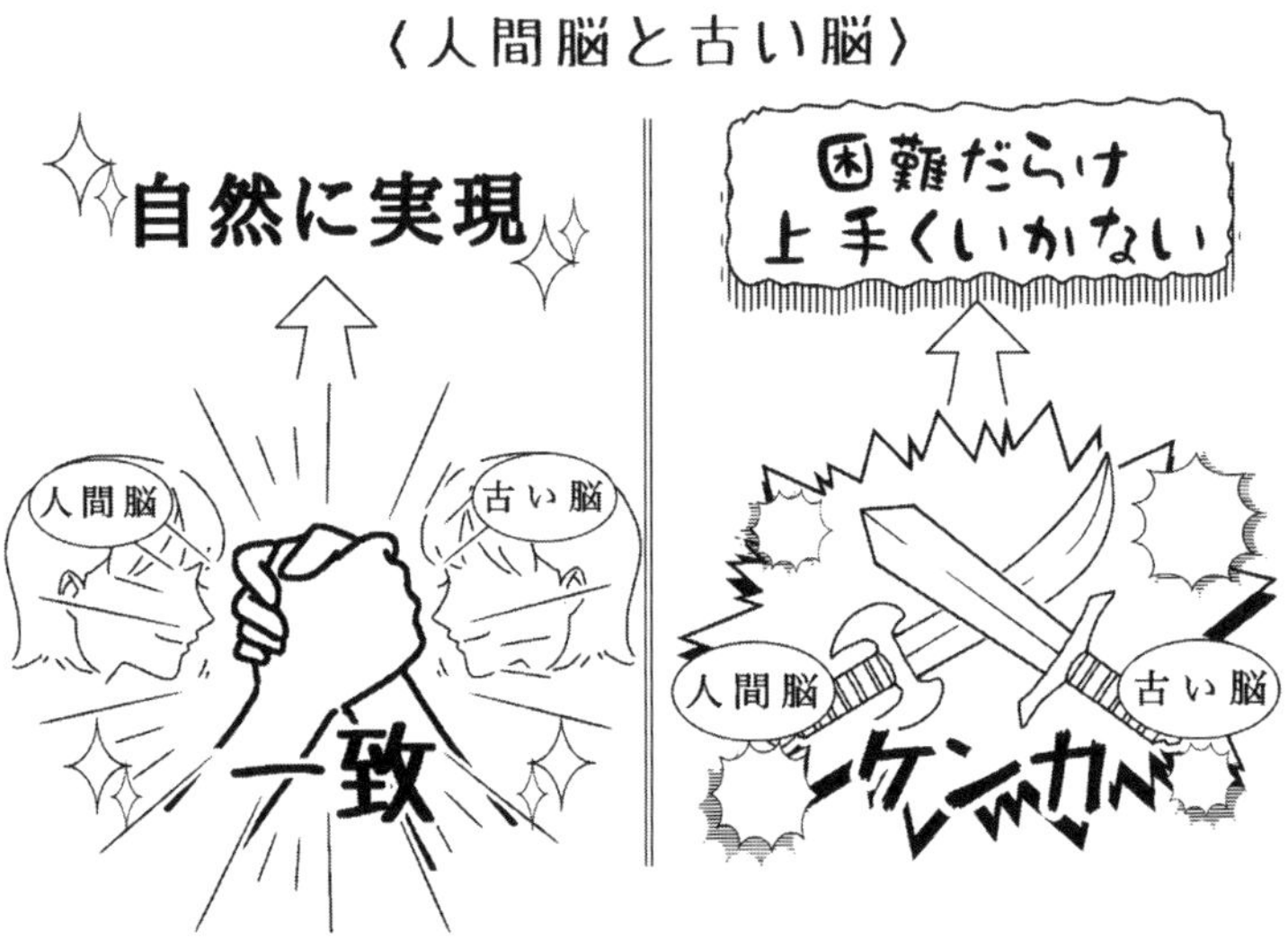

ケンカをした場合、大抵の場合、人間脳は古い脳に太刀打ちできません。実は初めから勝敗はほぼ決まっているのです。

では、なぜ古い脳が勝つと決まっているのでしょう？　それは人間脳と古い脳の関係を見ていくと分かります。

この2つの脳は、心理学では「顕在意識（＝人間脳）」と「潜在意識（＝古い脳）」に当たります。潜在意識の影響は大きく、脳全体の90〜97％を占めているといわれます。一方、顕在意識の影響は残りの3〜10％にすぎません（図2－2）。

ですから、いくら顕在意識で「お金持ちになりたい」と願っても、潜在意識が「お金持ちなんて無理」と思ってしまえば、影響力が圧倒的に大きい潜在意識の力が勝り、「お金持ちではない」ことが現実になるというわけです。

顕在意識に当たる人間脳は、理性を司り思考を行う脳です。一方、潜在意識に当たる古い脳は、本能を司る「爬虫類脳」と感情を司る「哺乳類脳」の連合軍です。進化や成長を望む人間脳に対し、古い脳は変化や新しいことを好みません。

図2－2

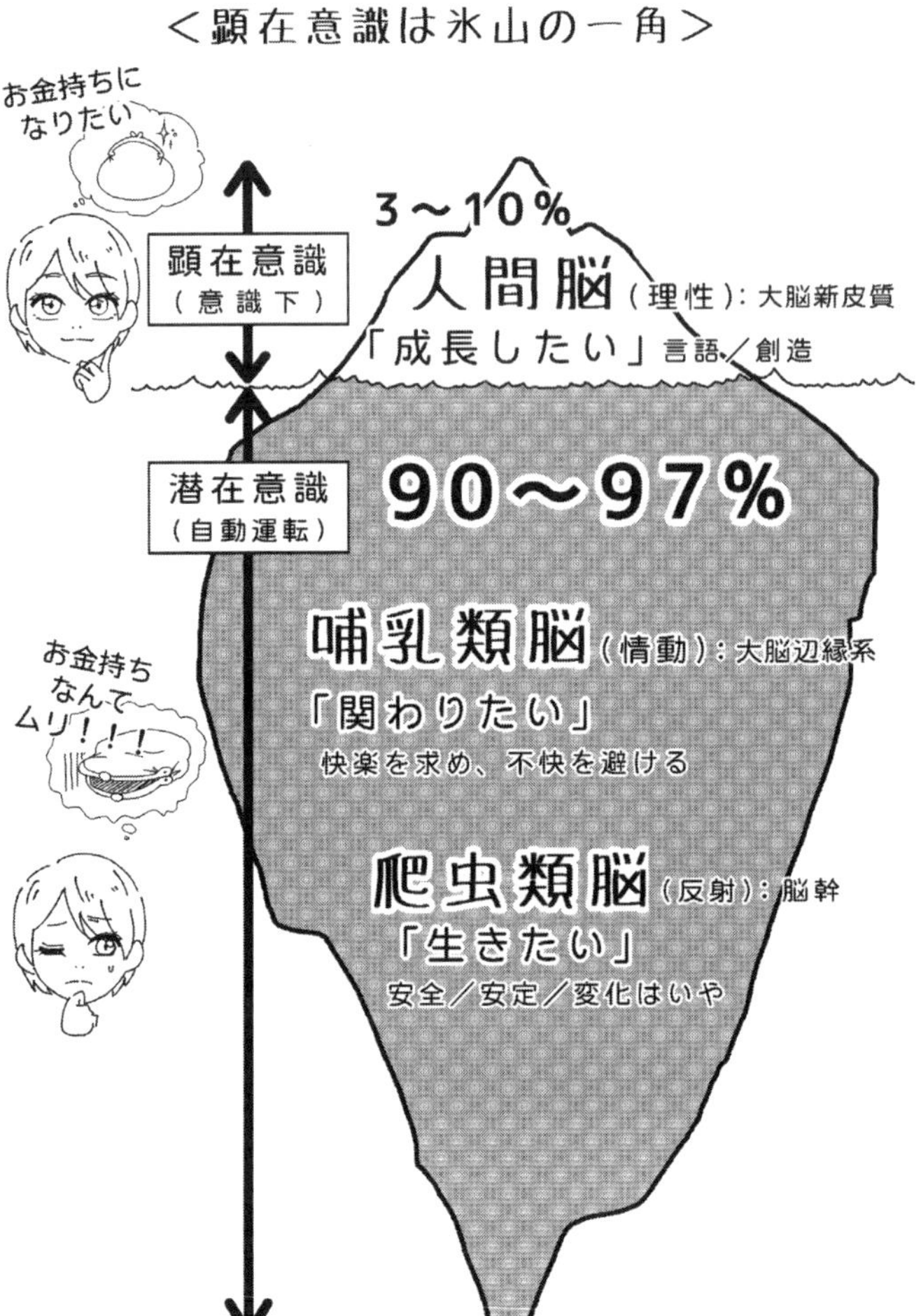
＜顕在意識は氷山の一角＞
お金持ちに
なりたい
顕在意識
（意識下）
3～10％
人間脳（理性）：大脳新皮質
「成長したい」言語／創造
潜在意識
（自動運転）
90～97％
哺乳類脳（情動）：大脳辺縁系
「関わりたい」
快楽を求め、不快を避ける
お金持ち
なんて
ムリ！！！
爬虫類脳（反射）：脳幹
「生きたい」
安全／安定／変化はいや

いわば、人間脳と古い脳、顕在意識と潜在意識は相反するものであり、この連携がうまくいっていないことが、現代人のさまざまな苦悩を生み出しているとも考えられています。この苦悩から解放されるためには、脳の中での争いを鎮め、手を取り協力してもらうことが大切です。

今の説明を、顕在意識をカウボーイ、潜在意識を暴れ馬にたとえて考えてみましょう。カウボーイと暴れ馬は行きたい方向が異なり、お互いに反対方向に引っ張り合っているとします。カウボーイは、「こんなに願っているのに」「頑張っているのに」と苦しみながら引っ張り続けます。しかし、人間が馬の力に敵うはずがなく、成果を出すのは難しいでしょう。やみくもに引っ張り続けるよりも、暴れ馬を手なずけて乗りこなす、という考えにベクトルを変えてみたらどうでしょう？　物事がすんなりうまくいくとは思いませんか？

もっと身近で具体的な例で考えてみましょう。たとえば、ダイエットをしているとき、脳内では何が起きているのでしょうか。

人間脳（顕在意識）は一生懸命に「痩せたい！」と努力しようとします。ところが、古い脳（潜在意識）の一翼を担う爬虫類脳はとにかく変化を嫌がります。さらに哺乳類脳も、困難や面倒を避けて心地良いほうへ逃げようとする傾向があります。つまり、古い脳が2つとも「やりたくない！」と抵抗するのです（図2－3）。

影響力の大きな古い脳（潜在意識）を無視して目的を叶えるのは至難の技。ダイエットが続かなかったり失敗してしまったりするのは、意志が弱いからでも、あなたに問題があるからでもありません。脳の構造を考えれば、当たり前のことなのです。

自分を責めるのはやめにして、これからは古い脳の特性を知り、活用する側になりましょう。

図2－3

＜ダイエットが失敗する理由＞
哺乳類脳
面倒
97%
だるい つらい
キライ
3%
やせたい！
やりたくない
やりたくない
やりたくない
やりたくない
人間脳
目標
−10kg
爬虫類脳
なんで今までと違うことするの？
甘くて美味しい
スイーツが
目の前にある

2 我慢しながら食べる健康フード、幸せと思いながら食べるジャンクフード
～細胞にとっての栄養とは？

「体は食べ物からできている」とよく言われます。それは事実ではありますが、すべてではありません。健康的なものを食べていても不健康な人もいれば、ジャンクフードを食べていても健康な人もいます。ダイエットを頑張っている人が痩せられず、制限なく自由に食べている人が太らないなんて、何だか納得がいかないですよね？

私も過去に、半年で10kgも太ってしまったことがあり、いくつもの過酷なダイエットに必死で取り組みました。けれど、我慢しても努力しても結果は出ず、「スリムな人は生まれつき決まっている」と不公平さを嘆きました。

そのときは、まだ知らなかったのです。食べたものは人によって、また、細胞の状態によって、吸収するものと排出するものが「変わる」ということを。

たくさん食べてもキレイに痩せている人、少食なのにすぐ太る人。その違いは、「消化管の選別機能」に理由があるといわれています。

この機能が正常に働いていれば、「必要な栄養」を取り込み、「不要な脂肪や毒素」を自然に排出することができます。結果、体型はベストにキープされ、免疫力や自然治癒力も上がり、高いパフォーマンスを発揮しやすくなります。

消化管の選別機能は、主に腸内細菌が担っています。しかし、腸内細菌はストレスによってその働きに大きな影響を受ける傾向にあります。当たり前ですが、「心地良い」と感じればストレスは少なく、「イヤだ」と感じればストレスは大きくなります。そして、ストレスの大小により、体の反応も変わってくるのです（図2－4）。

ストレスを感じたとき、体は自律神経の乱れやストレスホルモンの分泌といった反応を示します。

自律神経は、交感神経と副交感神経からなり、通常は、体内環境を一定に保とうとす

図2－4

「心地良いとき」「イヤなとき」に起こっていること

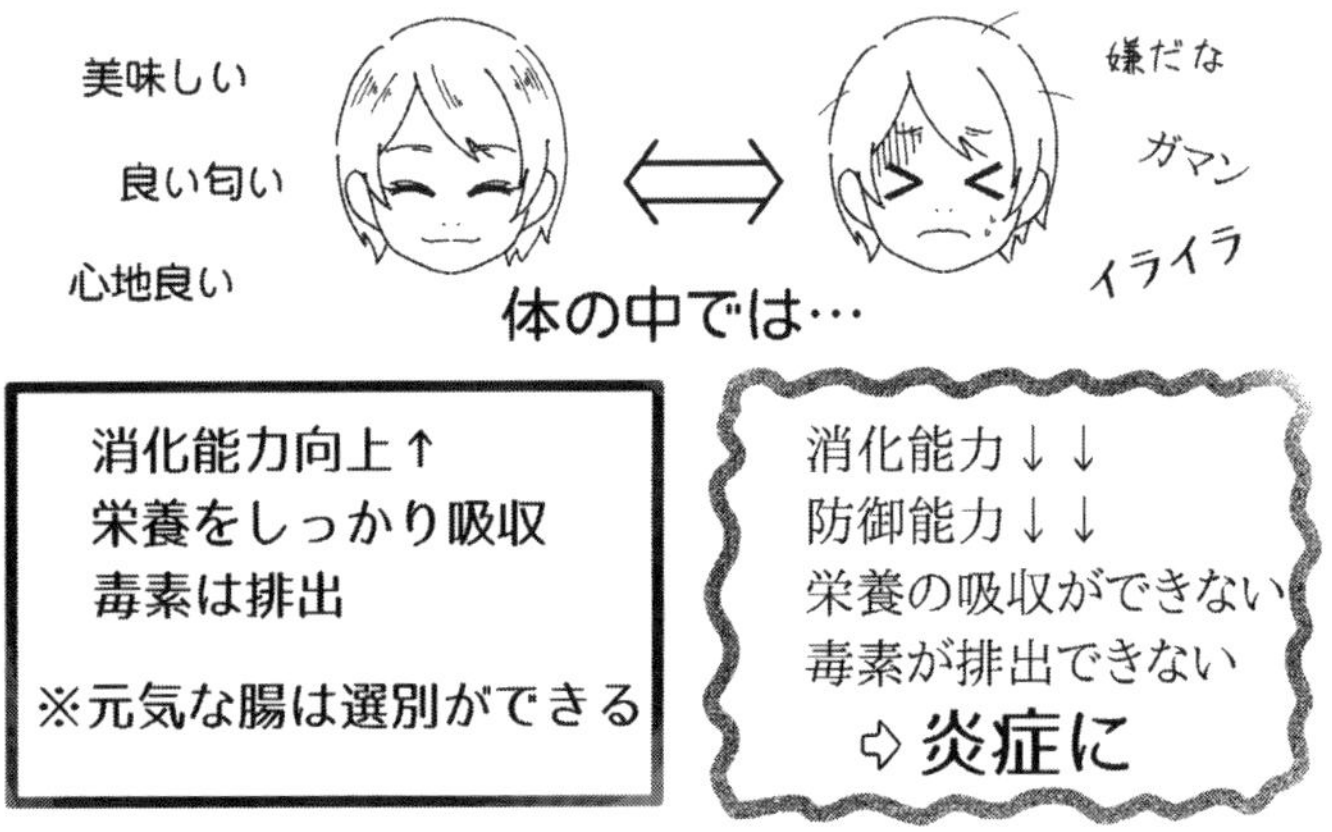

る「ホメオスタシス」という機能によって制御されています。この制御が正しく作用すれば、交感神経と副交感神経はバランス良く働き、体は適切な機能を維持することができます（図2－5）。

しかし、ストレスを感じてこのバランスが乱れると、体内環境にも悪影響が出てしまいます。

太古から人間は、目の前に猛獣が現れて、今にも襲われ食べられてしまう危険性がある状況では、つまり緊急性の高い脅威に遭遇してストレスを感じたとき、ストレスから生体を防御して恒常性（ホメオスタシス）を保つために、視床下部－下垂体－副腎系（HPA系）の働きが不可欠となります（Selye H,1936／Itoi Kら,2004）。この時、体中のエネルギーを動員し、心拍数を増やし大量の血液を筋肉に送り込むことで、目の前の猛獣と「戦うか？　逃げるか？」のいずれかに対処できるというわけです。そのため、「戦うか、逃げるか」に関係のない、たとえば、消化器の運動や血流は抑制され、真っ先に節約の対象となってしまいます。ストレスによって「消化管の選別機能」が低下してしまうのは必然なのです。

第2章

図2－5

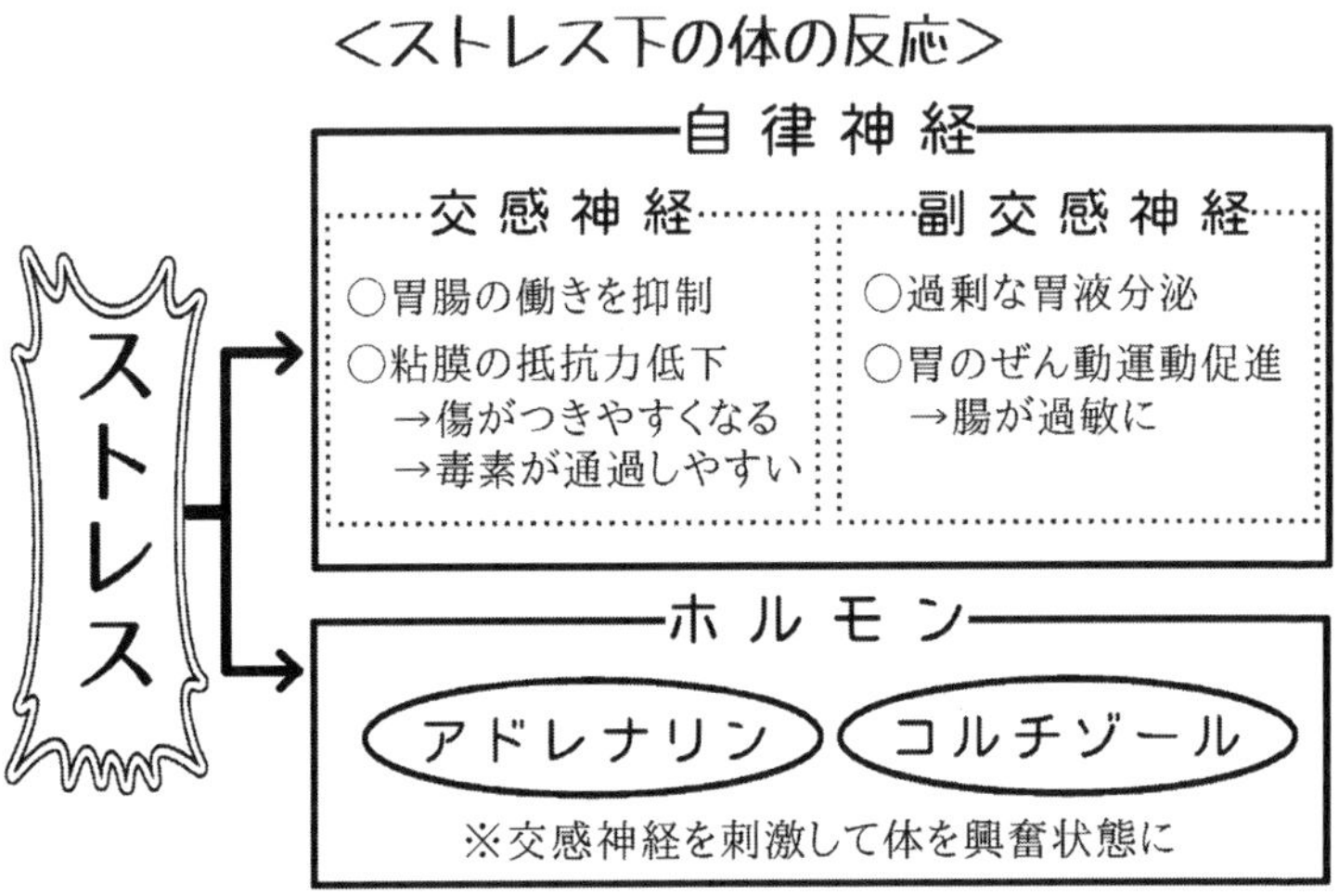
<ストレス下の体の反応>
ストレス
自律神経
交感神経
○胃腸の働きを抑制
○粘膜の抵抗力低下
→傷がつきやすくなる
→毒素が通過しやすい
副交感神経
○過剰な胃液分泌
○胃のぜん動運動促進
→腸が過敏に
ホルモン
アドレナリン
コルチゾール
※交感神経を刺激して体を興奮状態に

現代では、日常生活の中で命の危険にさらされることはほぼありませんが、ストレスを感じる場面に遭遇することは多々あります。

たとえば、嫌な上司、季節外れの暑さ、極度の空腹などさまざまなことがストレスの要因になります。文明発展の副産物として、身の回りに蔓延する有害物質から受ける影響も細胞のストレスとなりますし、また、忙しすぎる現代人（特に日本人）には、睡眠不足や疲労といった問題を抱える人も少なくありません。体にとっては、栄養不足なども大きなストレスになり得ます（図2－6）。


命の危機まではないけれど、さまざまな要因から引き起こされる現代人のストレス。それによる体の乱れが一時的なものであり、終わりがあるものならばいいのですが、もし慢性化してしまったら、体はストレスに反応し続け、休まる暇がありません。常に神経をとがらせ、体も四六時中、力が入ったままの状態に。そうなれば、体も心も悲鳴を上げ、生命維持のための機能も低下し続けるという悪循環に陥ってしまいます。

こうしたストレスに対処することは、大きな効果や成果を生むための第一歩となります。

図2－6

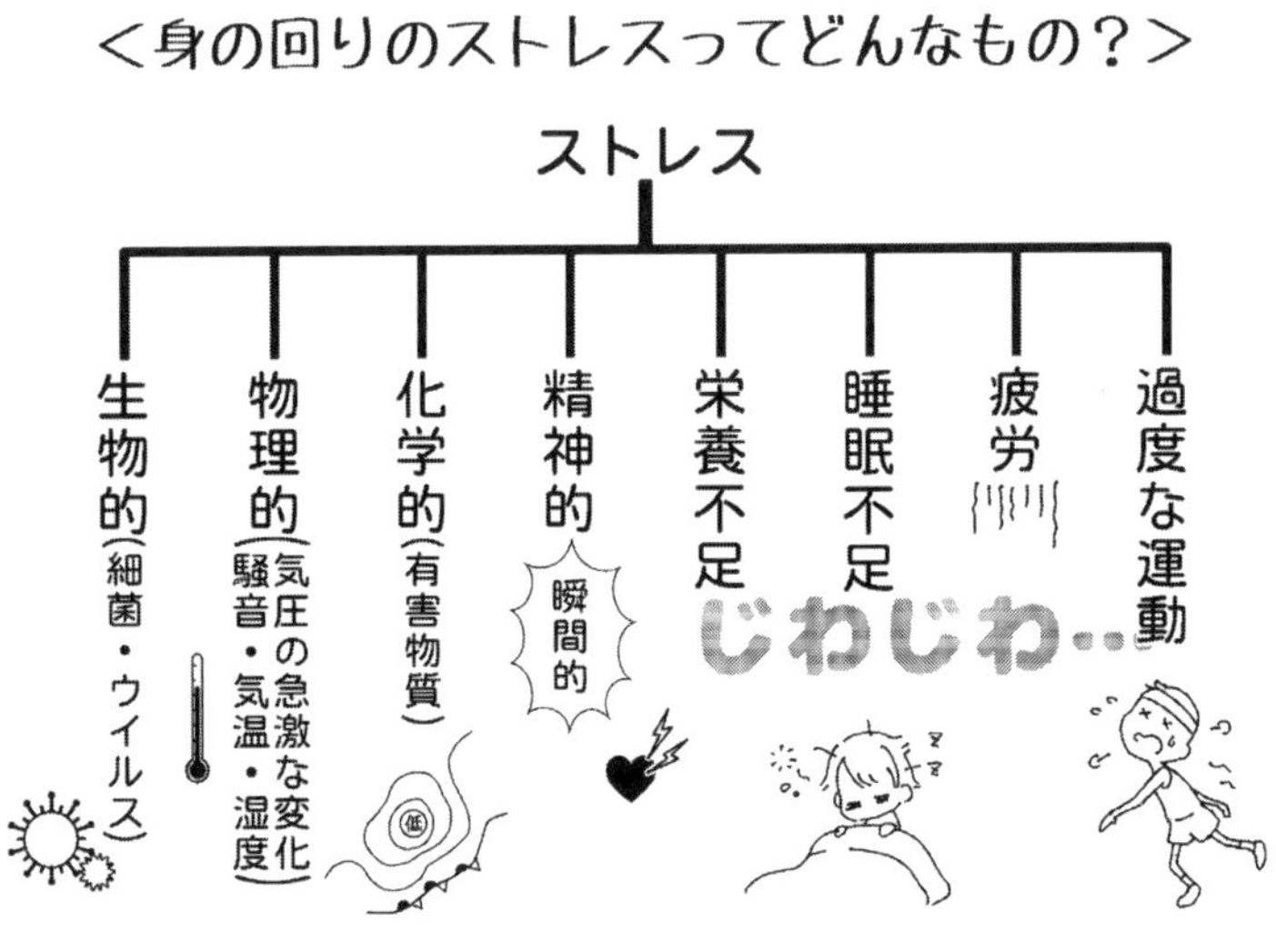

＜身の回りのストレスってどんなもの？＞
ストレス
生物的（細菌・ウイルス）
物理的（気圧の急激な変化 騒音・気温・湿度）
化学的（有害物質）
精神的
瞬間的
栄養不足
睡眠不足
疲労
過度な運動
じわじわ…
低

3 人は見たいものしか見えていない
～まだ苦しいフィルターをかけ続けますか？

あなたが今いる世界を「心地良くない」と感じているなら、それを変えたいと思いますか？

もし、あなたが本心からそう願うのであれば、現実は必ず変えることができます。

なぜなら、今あなたの目で見えているものは真実のすべてではないからです。

あなたが見ている世界は、あなた自身が作り出したもの。実は、何を見るかは自分で選んでいます。つまり、私たちは自分の「見たいものだけ」を選んで見ているのです。これには、「ＲＡＳ（脳幹網様体賦活系）」という脳のフィルタリング機能が関係しています。

人間の脳は、目や耳、鼻など五官から入ってくる膨大な情報を毎日浴びています。もしそのすべてをインプットしようとすれば、脳はすぐにオーバーヒートを起こすでしょう。そうならないよう、脳は自分にとって「重要な情報だけ」を認識するようになっています。と同時に「重要ではない（と判断した）情報」は無視。つまり、脳が「いるもの」と「いらないもの」を取捨選択している、ということです。

そして注意すべき点は「いるもの＝自分にとって都合の良いもの」であり、それを「現実」として見ているという点です。

そういうと、こんなふうに考える人がいます。

●いつもお金がない
●運が悪い
●人に都合よく使われてしまう
●いつも大事なところで失敗する

「そんな苦しい現実、見たいなんて思ってない！」と。

もちろん、意図して、あるいは意識的に苦しい状況や悲しい現実にしたい、と思う人はいないでしょう。

けれど、意識的（顕在意識）な選択が結果に表れるわけではありません。無意識（潜在意識）での選択の結果が現実となっているため、認識のズレが生じてしまうのです。

幸せも苦しみも、フィルターは「思い込み」からできていきます（図2－7）。思い込みとは、潜在意識に刻み込まれた「過去の情動記憶」と「否定的な習慣」です。思い込みが価値観を構成し、価値観によって見える「真実」は変化します。

人は、一人ひとりが異なった自分専用のフィルターを持っているため、そこでろ過された情報がその人にとっての「真実」となります。

事実から一部だけを切り取っているので、同じ出来事に際しても、人によって反応も解釈も異なってきます。今見ているものは、真実のすべてではないのです。

あなたが今の現実をやめ、理想の現実をつかみたいなら、いつからでもどんな状態か

図2－7

「幸せフィルター」「苦しみフィルター」

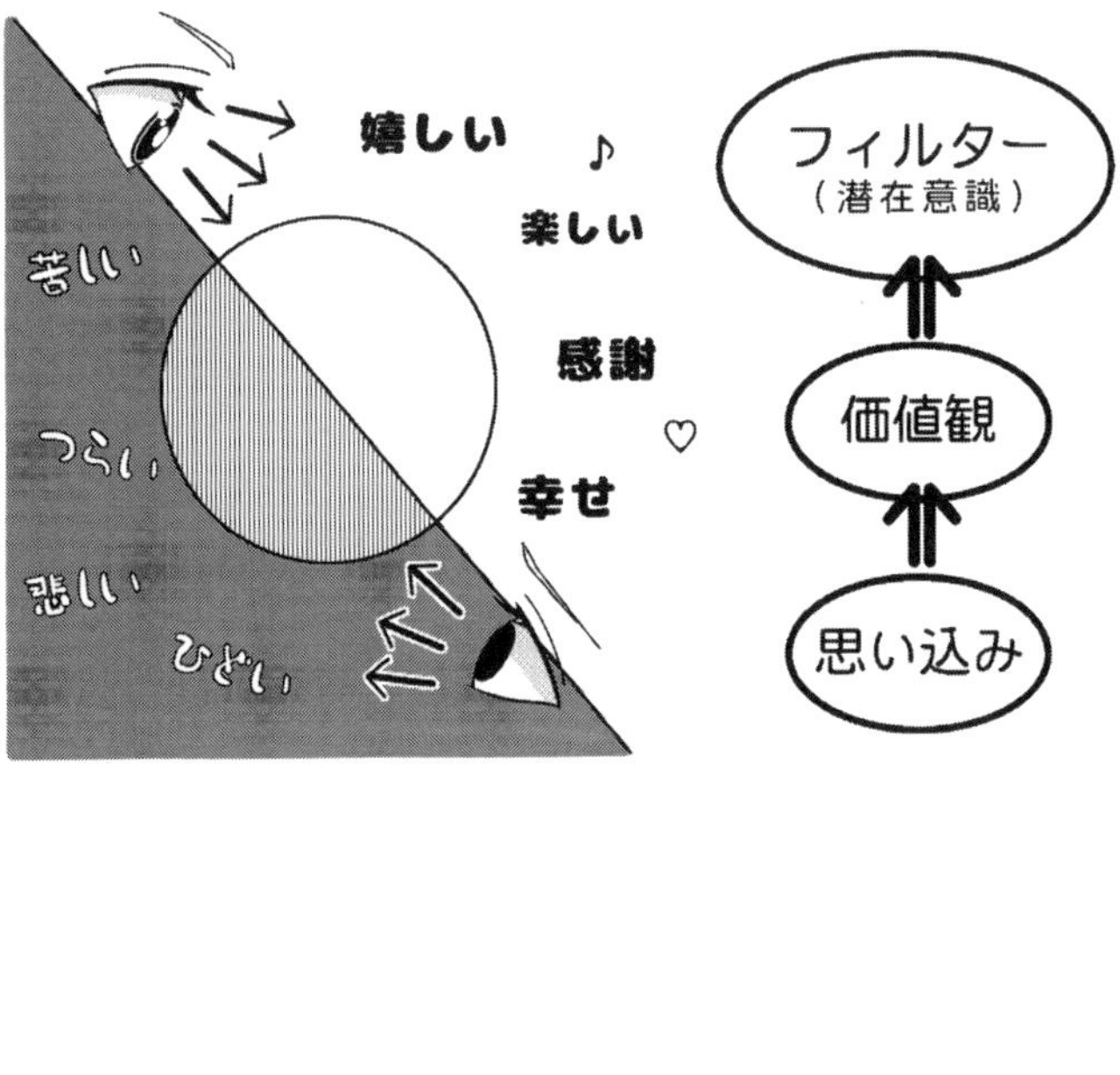

らでも自由に選ぶことができます。心の中で強く信じたものが、その人にとっての「現実」となって見えてきます。

あなたは、「私は愛される価値がない」「どうせ何をやってもうまくいかない」「結局良くならない」自分を信じますか？

それとも、「お金がどんどん入ってくる」「理想のパートナーに大切にされる」自分だと信じますか？

未来を変えることは誰にでも可能です。意図したことを現実にしていくには、思い込みを理想の思い込みに上書きしていくことです。

過去の思い込みを変えていくには、現在、直面している問題には、過去のどのデータが役に立たないかを知ることです。それらを「確認」し「修正」すれば、未来は望んだ通りのものに変わっていきます。

その具体的な方法を次のページから見ていきましょう！

4 運命は決まっていない
～強く繰り返した思い込みが未来を創っていく

あなたは〝運命〟という言葉を聞いて何を思い浮かべるでしょうか。

生まれる前から決まっているもの？
どんなに努力しても変えられないもの？
決してあらがえないもの？

私もかつては、運命は「抜け出せないもの」だと思っていました。
けれど、世の中の原理原則を知るうちに、逆に「世界は自分の思い通りにしかならない」と気付いたのです。

あなたは、「年収３００万円の人と年収１億円の人が、実は環境も能力も変わらない」

と聞いて信じられますか？

今の私は、それが事実だと信じられます。３００万円と1億円という差を生み出している原因は「スコトーマ」です。

スコトーマとは、心理的盲点のこと。物理的には見えているけれど、心理的には見えていない（認識していない）ポイントを意味しています。


先ほど、人間の脳は「自分にとって重要なものだけを認識する」という話をしました。この取捨選択で「重要ではない」と切り捨てられた情報こそ、スコトーマのワナといえます。

脳が重要かどうかを判断する基準は「思い込み」。言い換えるなら、その人の持つ興味や関心、信念や先入観、アイデンティティなどです。そこから外れるものは「いらない」としてスコトーマに隠れてしまうのです。


収入の話に戻すと、「チャンスがスコトーマで隠されて見えていない」のが収入３００万円の人で、「スコトーマが外れて見えている」人が収入1億円を得ている。その違いだけだと言っても過言ではありません。

人は、自分が見たいものだけを見ています。「思い込み」が世界の見え方を決め、その先に起こる現実をも変えていくのなら、理想の未来をゴールに設定して、それにふさわしい新たな思い込みを作ればいいのです。

このとき、ポイントとなるのは、達成する具体的な方法なんて分からなくて構わないということ。なぜなら、達成する方法は潜在意識が勝手に考えてくれるからです。

潜在意識は無意識であり、自動操縦です。設定したゴールに到達するために必要な「人、物、コト、知識、チャンス」を見つけてくれます。

不思議に思いますか？　けれど、これはエレベーターに乗っているのと同じことです。あなたは行きたい階のボタンを押すだけ。後はエレベーターが自動で連れて行ってくれます。その途中でぼーっとしていても、おしゃべりしていても、携帯をいじっていても関係ありません。

図2－8

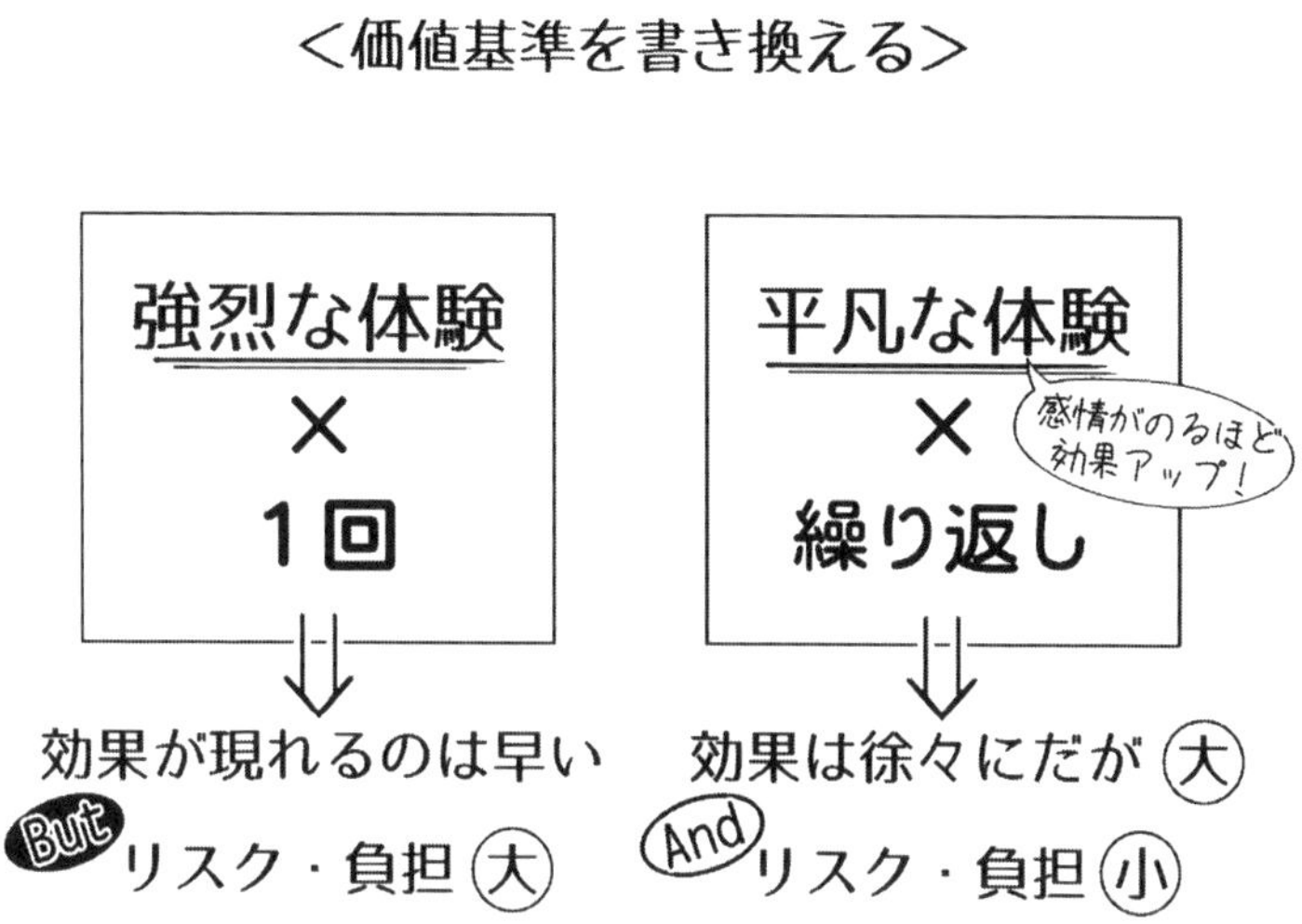
＜価値基準を書き換える＞
強烈な体験
×
1回
効果が現れるのは早い
But
リスク・負担 大
平凡な体験
×
繰り返し
感情がのるほど
効果アップ！
効果は徐々にだが 大
And
リスク・負担 小

では、どうすればその「自動操縦エレベーター」に乗ることができるのでしょうか？
そのために必要なのは、潜在意識を理解して仲良くすること。そして、価値基準を書き換え、新たな思い込みを作ることです（図2－8）。

価値基準の書き換えには、「強烈な体験×1回」もしくは「平凡な体験×繰り返し」の2種類のやり方があります。前者は対面にて行う必要があるので、ここでは後者の1人でも取り組むことができる方法をご紹介します（図2－9）。

今すぐ実践できますし、多くの成功者が実際に取り入れて夢を叶えている再現性の高い方法でもあります。

価値基準を書き換えるコツは、潜在意識の特徴を知り効果的に「言葉」を使うことです。これが、人間脳と古い脳に仲良く手を取りあってもらうための大切な要素になります。

書き換えをするときは、無意識下で行われている思考の流れを、言葉を用いつつ「逆方向」に変えてアプローチしていきます。そうすることで意図した未来、理想的な未来

図2－9

＜効果的に価値基準を書き換えるための3ステップ＞

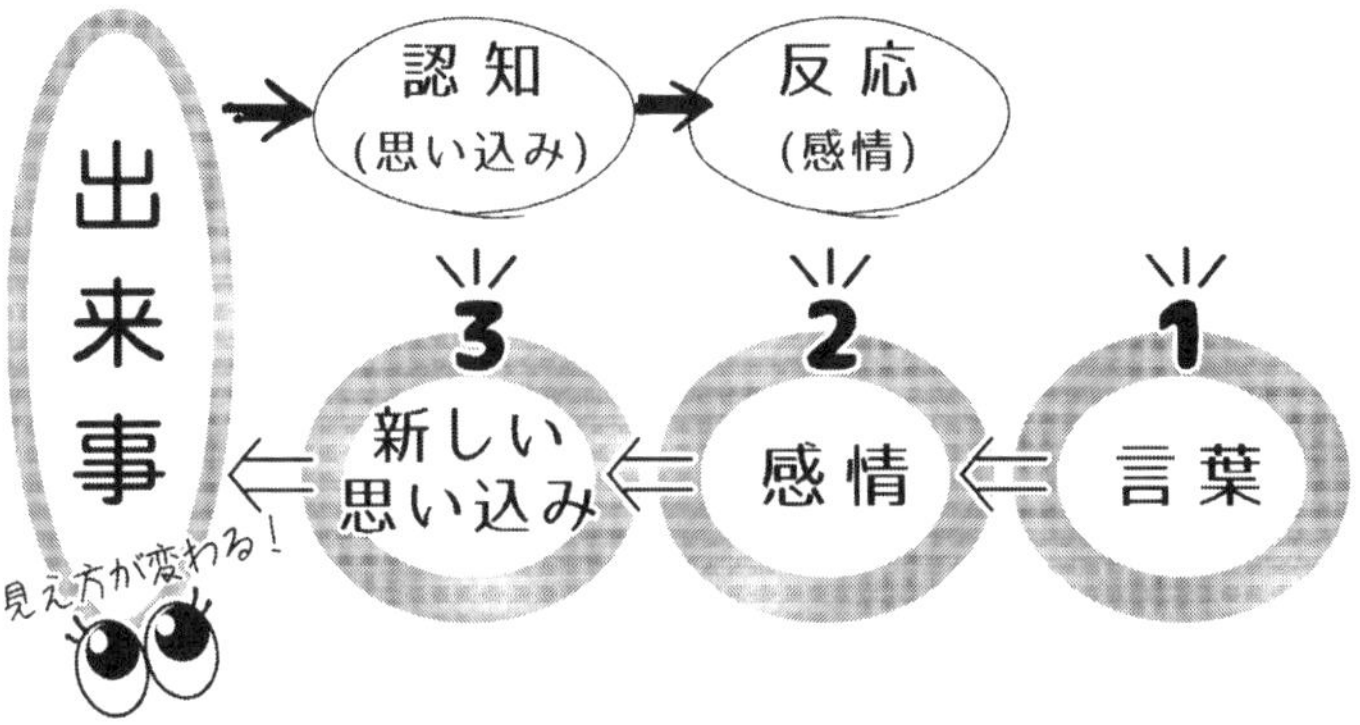

図2－10

＜潜在意識の特徴＞

1．潜在意識は、主語を認識しない
2．潜在意識は、想像と現実を区別できない
3．潜在意識は、否定形が分からない
4．潜在意識は、善悪の判断がつかない
5．潜在意識は、過去／現在／未来の区別がつかない
6．潜在意識は、感情が伴ったものに強く反応する
7．潜在意識は、繰り返されるものを重視する

を組み込むことが可能になるのです。

ただし、かける言葉によっては、効果がないばかりか逆効果になる場合もあるので要注意。そうならないためにも、大前提として潜在意識の特徴を押さえておきましょう（図2－10）。


「潜在意識」はたとえるなら、大海原を旅する船の乗組員です。彼らは、船長から出された指示通りに何の疑問も持たず、とにかく一生懸命働きます。船長の出した指示が正解か、間違っているかなどのジャッジはしません。たとえば、効率化を提案したり、不平不満を言ったり、口答えしたりすることもありません。ただひたすら、命令通りに実行するだけです。

一方で「顕在意識」はこの場合、指示を出す船長です。

このとき、重要なポイントがあります。

船長が「〇〇をやめたい！」と言葉で発したとしても、もし心では「やめたくない！」と思っていたなら、乗組員は船長の心の声「やめたくない」に従って動きます。すると「〇〇をやめられない」という現実ができあがるのです。つまり、乗組員（潜在意識）が船長（顕在意識）の指示に従うのは、船長の言葉に強い感情が伴っているときだけです。

ところで、「アファメーション」という言葉を聞いたことがありますか？　これは、「理想の自分」になるための肯定的な自己暗示のことで、価値基準を書き換えるときにとても重要な手段の一つです。このアファメーションは、心理学者のルー・タイスが「目標実現プログラム」の一つとして提唱した方法です。プロゴルファーのタイガー・ウッズや元サッカー日本代表監督の岡田武史氏など、トップアスリートやプロチームの監督にも取り入れられている方法であり、ビジネスや教育現場でも多く活用されています。

やり方は自分の達成したい目標とその方法を一人称視点で言葉にすることであり、理想のイメージを何度も想起することによって「自分にはできない」を「自分にはできる」に変える自己変革の手法になります。

アファメーションをするおすすめのタイミングは、寝る前やリラックスしているときです。顕在意識と潜在意識が混在している状態なので、余計なジャッジが発生せず、価値基準の上書きがスムーズになります。

「得たい成果」を感じ取り、それを言葉にして潜在意識にインプットしていきます。すると、その成果が現実となって表れるのです。

脳科学・認知科学者の苫米地英人氏によると、アファメーションには4つのレベルがあります。早く「得たい成果」を実現化したい人は、アファメーションレベル「4」を意識して取り組んでみてください。レベル1〜3は、実現化までに少し時間がかかり、リバウンドしやすくなるという説もあります（図2－11）。

アファメーションに慣れないうちは、抵抗感があったり、ただ唱えるだけになってしまうかもしれません。けれど、気にしなくて大丈夫です。大切なのは続けること。毎日の習慣にしてしまえばいいのです。

歯磨きだって、最初は面倒に思えても、続けているうちに、やがて歯を磨かないほうが気持ち悪くなってきます。アファメーションも同じこと。続けていれば、自然に価値基準が書き換わっていきます。

気がつけば、自動操縦エレベーターを自由に乗りこなすことができるようになり、夢

図2－11

＜アファメーションにはレベルがある＞

イメージ
×
臨場感
=
現実

レベル1「私にはできない」というネガティブな諦め

レベル2「問題は分かる、しかし改善する気はない」

レベル3「もうやらない」と決意する
but 代替のイメージがない

レベル4「もうやらない」と決意する
and 代替のイメージがある

※1〜3はリバウンドしやすくなる説もある。
4になるように意識すること。

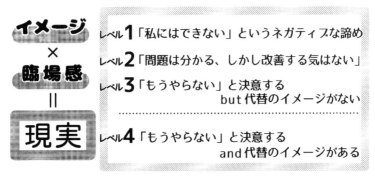

が面白いように叶っていくことでしょう。

5 私を健康体質に変えてくれた1つの教え

少し、私の体験をお話しします。

以前の私は、多くの思い込みに囚われてがんじがらめになっていました。

周りが求める人間にならなければと、たくさんの、しかも必要のない重い鎧《よろい》を着て、それでも、「まだ足りない、まだ足りない」とさらに鎧を重ね続けていたのです。

本当の自分を見失った私は、心も体も壊れてしまいました。

私の一番の思い込みは、「どうせ愛されない」でした。

どんなに努力をしても愛されない私。

近所でも評判の良い子になっても、学校で一番をとっても、どれほど完璧を目指して頑張っても、一度も認めてもらえませんでした。

そして私は「愛されない」という思い込みを作りだし、無意識の中でそれを頑なに信じて生きてきたのです。

そんな私の思い込みが見せてくれたのは、「頑張ってもうまくいかない」「大切な人から裏切られる」「苦しい場面でもっと苦しいことが起きる」という現実でした。

そうした体験を繰り返すことで、「私は人からも神様からも嫌われている」「どうせ愛されない」という思い込みを自分で実証し、そのたびに卑屈になっていたと、今なら分かります。

私がこの思い込みに気付くこと、そんな思い込みをプラスの方向へと書き換えることで、現実は180度、様変わりしました。お金に困ることはなくなり、努力はきちんと成果に繋がり、大切な人からは大切にされるようになったのです。

今の私が持っている思い込みは「どう転んでもうまくしかいかない」「私は愛されてい

る」です。だから、現実はその通りのことしか起きません。もし苦しい場面に遭遇しても、どこからともなく強力な助っ人が現れたり、最高なアイデアを思いついたりするのです。

子どもの頃は、周りからの言葉を一生懸命に聞きます。何のジャッジもせずに受け入れ、それが一つひとつ積み重なり、しだいに自分の性格や思考を構成する要素となっていきます。周りからの言葉はいつしか自分を縛り付ける「呪い」に変わるとも知らずに……。

けれど、それは本来の自分ではなく、周りの人間に与えられたもの。いわば、周囲にとって都合の良い人間に仕立て上げられ、他人の人生を生きているようなものです。本来の自分ではないので、いつも空虚で充実感を得ることができないでしょう。

「私は私」
それ以上でもそれ以下でもない。

これが腑に落ちたとき、私は世界の見え方が大きく変わりました。「誰にも愛されない」「私はひとりぼっち」「どうせ嫌われている」「いなくなったほうがみんな喜ぶ」というかつての思い込みを捨て去ったことで、目の前にある幸せが見えるようになりました。

どこかにいかなくても、手を伸ばさなくても、すぐ目の前に幸せも喜びもありました。閉じていた目を開けるだけで良かったのです。

あなたという存在は、この世界にたった一人しかいません。どんな自分でも唯一無二です。変わりなどいないのだから、誰かと比べる意味もありません。

あなたはあなたのままでいい。

それ以上でもそれ以下でもないのですから。

あなたであることが、既に「最高」なのです。

column

ネガティブイベントを最悪と思うか、ラッキーと思うか

思考は人間だけに与えられた能力です。

何事もそうですが、能力として持っていても、使わなければ発揮することはできません。

たとえば、切れ味抜群の最高級の包丁を持っていても、箱に入れたまま棚の奥深くにしまっていれば、毎日のお料理は、刃のこぼれたぼろぼろ包丁で苦労しながら作ることになります。

さらに、最高級の包丁だとしても、適切にお手入れをしていなければ、最高の切れ味は出せません。

思考をする力も同じで、使わなければサビていきます。うまく使えなくなり、古い脳（爬虫類脳と哺乳類脳）にすべての判断をゆだね、周囲の誘惑に振り回されることとなります。

爬虫類脳と哺乳類脳には時間の概念がないので、過去を教訓にすることも、未来を創造することもできません。目先の出来事への反応をするだけなので、それでは理想の未来をつくることは難しくなってしまいます。

能力を持っていることと、使えるかどうかは別問題です。

能力の使い方については本文の中でも紹介していますが（74ページ参照）、初めはきっとヘタクソです。けれど、やればやるほど確実に上手になります。子どものときに自転車の練習をしたときのことを覚えていますか？　基本はあれと同じです。初めはヘタで当たり前。そのことに落ち込む必要はありません。練習をすれば、誰でもちゃんとうまくなります。

そして、この「思考力」を適切に使いこなせるようになると、人生は思い通りにしかならないことに、あなたも気付くでしょう。

悪いことしか起こらない人生はありません。けれど、いつも幸せそうな人がいる一方で、いつも不幸せそうな人もいます。

ネガティブな出来事（ネガティブイベント）が起こったときに、「最悪」と捉えて負の感情を持ち続け、さらに苦しむのか。はたまた「ラッキー！」と考えて次に生かせるようにするかの違いです。

後者は、「早いうちに分かってよかった」「これが大切な人ではなくて自分でよかった」「これをしたら失敗することが分かったから、次の成功確率が大きく上がった」と解釈することでピンチをチャンスに変えられる人。だから、ネガティブを「ラッキー！」と捉えられるのです。

これこそが、思考力の成せる技です。こう解釈できれば、負の感情は浅く、短期間で済むので、またすぐ笑える日が戻ってきます。結果として幸せの量は増えていきます。

どちらが正解、不正解と断言はしませんが、「理想の人生を送りたい」と思うなら、ぜひこの思考力を自分のものにして奇跡を起こしてみませんか？

第3章

感情のデトックスで健康体質を手に入れる

1 あるがままの「感情」を受け止めると心の毒（ストレス）は消えていく

生きていると、毎日いろいろな感情を覚えます。外からの刺激に対して反応し、感情は刻一刻と変化します。

お気に入りの財布を落として「最悪、終わった……世界一ツイてない」と泣き出しそうになったかと思えば、次の瞬間、街で憧れのイケメンに遭遇して「キャー！　大好き！やばいかっこいい！　めっちゃ元気でた！　また頑張ろう！」と気分は急上昇。人間の感情は、複雑なようでいてとても単純なのかもしれません。

だからこそ、感情に振り回されて疲れてしまう人や、苦しむ人が多いのかな、と思います。けれど、苦しいのは外に答えを求めているから。感情は本来、自分の内側で完結できるものです。

感情の中でも「楽しい！」や「嬉しい！」は、素直にそのまま感じやすいものでしょう。その一方で、ネガティブな感情が出てきたとき、あなたはそれを、無意識に否定していませんか？


寂しい……けれど、迷惑をかけたくないから我慢しなきゃ。

悲しい……けれど、嫌われたくないから平気なフリをしなきゃ。

腹が立つ……けれど、空気が悪くなるから気にしないフリをしなきゃ。


「ネガティブじゃいけない、もっとポジティブに考えなきゃ」と思い込み、無理にポジティブであることを自分に課していませんか？

「自己肯定感を上げよう」「ポジティブシンキングが良い」「ネガティブはやめよう」と言う人がいます。それが、幸せになる方法なのだと。はたして、本当にそうでしょうか？

では、なぜポジティブが良くて、ネガティブが悪いのでしょう。

そもそもネガティブな感情がなければ、人間のこれまでの進化や繁栄はありえませんでした。

第3章

何の力も持たない人間が生き延びることができたのは、怖がりで心配性だったからです。もしもポジティブ思考しかなければ、人類はとっくに滅んでいたのかもしれません。

少し立ち止まって考えてみましょう。感情とは何のためのものですか？　誰のためのものですか？

答えは、「誰のものでもない」、です。感情はただ、そこに「ある」だけなのです。

赤ちゃんは、寂しいと泣きます。お腹が空いた、おむつが濡れた、抱っこして欲しいと泣きます。眠くても泣きます。とにかく泣きます。生まれたばかりの赤ちゃんは潜在意識しかないので、ストレートに、感情のままに生きています。

赤ちゃんが泣くと、ママやパパがミルクをくれます。おむつを替えてくれます。抱っこしてくれます。泣く（＝感情を表す）ことで赤ちゃんは容易に目的を果たし、望みが叶うと泣き止みます。

赤ちゃんは生きていくため、「安心」「安全」「腹を満たす」「愛情を得る」ために感情を用いて表現します。けれど、泣いても対応してもらえずにいると、赤ちゃんはそのうち泣かなくなります。

大人も同じく、感情をなおざりにしていると不具合が生じます。病気になったり、トラブルが続いたり、人間関係がうまくいかなかったり。何かとストレスの絶えない生き方をすることになるでしょう。

大人になるにつれ理性という顕在意識が思考の大半を占めるようになるので、問題はより複雑化しやすいともいえます。

では、逆境においても腐らず振り回されず、いつも幸せそうな人は何が違うのでしょう？　それは、感情が生じた後の処理です。

どんな感情でも、たとえそれがネガティブなものであったとしても、否定やジャッジをせず、ただ「そうなんだね」と受け入れるのです。ただ「在る」感情に対して「良い」「悪い」とジャッジをするのは大きなお世話でしかありません。

ただそっと受け入れ、そのときにしてほしいと思ったことを自分で自分にしてあげましょう。すると、泣いていた赤ちゃんが泣き止むように、感情はきちんと消化（昇華）

されて消えていきます。感情を必要以上に大きくしたり、長引かせたりすることもなくなるので、ネガティブな状態を引きずることはなく、落ち込むことも減っていきます。

自分で自分を受け入れられない人は、外（他人）にそれを求めてしまいます。「承認欲求」が取り沙汰されることの多い昨今ですが、自分で自分を否定していると欲求はどこまでも大きくなり、ときには間違った方向へと転がり、負のループを生んでしまうこともあります。

感情は、自分らしさを教えてくれるもの。人生の目的を知る道しるべでもある、と私は考えています。

同じ体験をしても「楽しい」と感じる人もいれば、「つまらない」と感じる人もいます。どちらが正解か、不正解かではなく、その人にとって心地良いか、心地良くないか、という感情の問題。人によって異なるのは当たり前なのです。

そう考えると、感情は自分という人間を深く知るチャンスでもあります。特に、ネガティブな感情には人生のヒントが隠れていることが多く、突き詰めていけば、「揺るぎない信念」を知ることもできます。

自分は何のために生まれて、何のために生きているのか？

生きる目的、あなたの使命や天命が分かると、見えている世界の色が変わります。苦難を苦難とも感じなくなり、むしろ、確実な一歩を踏み出している実感とともに、充足感を覚えることでしょう。

感情とは、「生まれ持った使命や目的を果たすため」のバロメーター。そんな役割を担っているともいえそうです。

2 穴の開いたバケツに水をためても意味がない

穴の開いたバケツに水を満たすことはできません。バケツに水をためたいのなら、まずは穴を塞《ふさ》げばいい、と誰もが知っています。

ここで言うバケツの穴とは、心の隙間のことです。あるいは、顕在意識と潜在意識のズレと言うこともできます。

バケツの穴を塞がないままなら、満タンになったとしても一瞬のこと。バケツを運ぶ間に水は流れ出てしまいます。穴が開いている限り、どんなに水をためようと頑張っても、その努力は無駄になるでしょう。

それでもあなたは、穴の開いたバケツのままで頑張り続けますか？

その先に夢が叶う未来はあるでしょうか。

「こんなに頑張っているのに」と嘆き、「なぜ私ばかり」と憤り、「運の悪い人生だ」と落胆する。心の奥底では、「何かが違う」と違和感を覚えながら、バケツの穴を見ないフリをして、自分に言い訳をしながら歩む人生。

あなたが本当に望んでいる姿は、そこにあるでしょうか。

人は自分で自分を認めていないと、その心の隙間を他人や社会に埋めてもらおうとします。

過度な承認欲求や依存、自慢、あるいは、人に媚を売ったり、自分を高級品で飾り立ててみたり。いろいろな形で他人や社会にアピールしますが、それでも満たされず、日々「不足の感情」でいると、もっと大きな不足が現実として引き寄せられてしまいます。

バケツの穴は、気付いたらすぐに塞ぐことができます。お金も時間も技術もいりません。ただ、気付くだけでいいのです。

目をそらさず、本当の「私」に気付いてあげてください。


あなた自身が、あなたの最高の親友でありパートナーです。

生まれた瞬間から死ぬその時まで、片時も離れることなく添い遂げてくれるその友を、見て見ぬふりをするのはやめましょう。

良いときも悪いときも、ずっと側に寄り添ってくれる健気な「相方」は、あなたが気付いてあげると涙を流して喜びます。そして、誰よりも全力であなたを守り、応援してくれます。きっと世界で一番の味方になってくれることでしょう。
もう何も怖いものなんてありません。心強い相方を得たあなたは、いろいろなことが自然とうまくいくようになります。

お金のトラブルや人間関係の不和、病気や事故。これらは大事なことに気付いてもらいたくて起きているとも考えられます。何かしらのメッセージが隠れていたりします。忘れて欲しくないのは、それは、あなたを苦しめるために起きているわけではないということです。

もちろん、とてもつらくて向き合えないこともあります。そんなときは逃げたっていいんです。けれど、心が折れそうなときにこそ、共にいる存在を思い出して欲しいのです。

一人で抱えられないときは、すぐに助けを求めることも大切です。
真面目で頑張り屋さんのあなたは、限界を超えてもなお、頑張り続けてしまうかもしれません。そんなときに追い打ちをかけるようにトラブルに巻き込まれたり、悲しいことが続いたりするのは、「いい加減諦めて、そろそろ人に甘えなさい」というメッセージかもしれません。

幸せになりたいなら、そのための行動をしましょう。
稼ぎたいなら、そのための行動をしましょう。
遠くに行きたいなら、そのための行動をしましょう。
愛する人を笑顔にしたいなら、そのための行動をしましょう。

人間の生きる時間は、長くてもたった100年と少し。ぼやぼやしていると、あっという間に過ぎていってしまいます。

まず、バケツの穴を塞ぐことから始めてみませんか。そうすると、きっと行動が一つひとつ形になる強固な土台ができるはずです。

3 ネガティブイベントは人生を大逆転するラッキーチャンス

潜在意識を世の中に広めたジョセフ・マーフィー博士はこう言いました。

「心の中で強く願ったことは必ず実現する」

脳の仕組みを知り、潜在意識を学んでいくと、この言葉（心の法則）が真実であると理解できますが、実は多くの人が引っかかってしまうワナが1つあります。

この心の法則を取り入れて効果があるのは、心の中に曇りがなくそれをストレートに信じられる人です。たとえば、おおらかに育てられ、マイナスな思いをあまりため込まない人。こういう人は潜在意識と繋がりやすいため、きちんと活用ができます。

ところが、「私はこうなりたい！」と強く願いつつも心の中では、「うまくいくはずがない」「どうせ私には無理だ」という思いを何度も感じ続けていれば、その強いマイナスの思いのほうが現実化してしまい、「いくら願望や理想を願っても何も叶わない」「何一つとして実現しない」という結果が生まれるのです。これが心の法則のワナといえます。

あなた自身を振り返ってみてください。

せっかく心の法則を取り入れたのに、同時に、自分自身でそれを否定していませんか？

こうしたとき、無理にマイナス思考を取り除こうとするのは危険です。

たとえば、瞑想などで無意識の領域にアクセスするとします。けれど、その無意識の中にマイナス思考が詰まっているとしたら、マイナス思考が表面に浮き上がり、増幅してしまうこともありえます。

自分はマイナス思考ではないから大丈夫、というあなたも他人事ではありません。

友達もたくさんいるし外交的だから問題ないという人でも、実は、自分自身に対して厳しかったり、不満を抱いていたりする場合が少なくありません。

また、体の調子が悪くなると、「痛い」「つらい」「苦しい」とマイナスな思いがたまり、「どうしてこんなに」「なぜ自分だけ」と、無意識を否定的な感情が占めてしまうことも。

その時に思い出して欲しいのが、ネガティブな感情の隣には、幸せになるためのヒントが隠されているということです。

たとえば、すぐ近くにあなたを攻撃してくる人や、感情的に迫ってくる人など、悩みの種となるような人がいたとしましょう。

厄介だと遠ざけたくなりますが、ちょっと待って。その人はもしかしたら、幸せのヒントを持っているかもしれません。

ダイヤモンドは磨かなければただの石であるように、私たちも初めは石ころです。それが玉石混淆《ぎょくせきこんこう》の人々と触れ合い生きていく中で、どんどん磨かれていきます。言い換えると、「磨いてくれる人がいるからこそ、生まれ持った光を放てるようになる」とも言えるのです。

あなたを悩ませる人は、あなたというダイヤを磨いてくれる研磨剤になるかもしれません。

「人は鏡」と言いますが、あなたはその人に、自分の中にある醜い部分を投影し葛藤しているだけなのです。

その原因に気付き、きちんと消化し、モノゴトの解釈を整えていくと、自ずと相手の態度や言動が180度変わります。大事なのは相手を変えようとすることではなく、自分が変わること、です。

しこりやわだかまりを感じる人間関係というのは、その真の原因に気付くまで、相手を変え、時期を変え、何度でも続きます。トラブルの内容は徐々にエスカレートしていくので、早めに気付いて対処してしまいましょう。

4 自分への質問を変えると運命は動き出す

人の内なる「思い」が原因となってあらゆる結果（環境）が生まれる。

これは、イギリスの哲学者ジェームズ・アレンが1902年に発表した著書『AS A MAN THINKETH』の中で提唱している「原因と結果の法則」と言いますが、心で思うことを適切に扱い、自己を磨くことで、あなたの得る結果は、置かれる環境は、より良いものへと変革していきます。

そしてそれは、肉体にも同じことが言えるのです。

ヒポクラテスは「病気の治療は生体に備わっている自然の力が最も大きな役割を果たす」と言っています。

つまり「体には自然治癒力が備わっていて、生命は生きている限りその力を伴い、病気を治す力は自分の中にある」ということ。人は生まれながらにして、偉大なる力を持っているということです。

過去の私は、医師や薬に頼りきり、病や不調は誰かが治してくれると思っていました。ですから、数々の疾患を患い寝たきりになったときに絶望してしまったのです。けれど「自分で治す」と決め、良い未来を設定し、それを固く信じた瞬間から、体に大きな変化が起こり始めました。

すべては自分次第なのです。どんな状態でも諦めないこと。そして、体の声を聞くこと。幸せになるための準備も答えも、自分の中にある細胞たちはすでに知っているのです。なのに、あなたが耳を塞ぎ、諦めてしまったら……。あなたを癒やし、幸せにしてくれる人はいなくなってしまいます。

もし今、あなたの体に悪い箇所があったとしても、その悪い状態は永遠に続くわけではありません。毎日、毎晩、いえ、毎分、毎秒ごと、心に思うことが次の細胞を作っていきます。

私たちの体の細胞は、7年でほぼすべてが入れ替わるといわれています。

細胞が入れ替わるときに私たちの気持ちをプラスの方向に切り替えて、若々しい健全な細胞をつくると決め、それを思い続けることができれば、思い描いた未来に応じた細胞分裂が繰り返されていくはず。そういうイメージを持ちましょう（図3－1）。

このことを知らないままだと、「私は生まれつき体が弱い」とか、「病気だから仕方ない」と「諦めた未来」を信じて日々を過ごすことになります。そうして、マイナスの思い込みを強めることにより、今までと同じように不健康な状態が続いてしまいます。

「心に思うことが、すべて体に影響する」という原理原則は、スピリチュアル的なふんわりした見方ではなく、「氣・血・水」をもって体全体を見る「東洋医学の視点」で捉えると理解しやすいかもしれません。

血も水も、氣の影響をおおいに受けています。

血液は、健康的な代謝を保つ上でとても重要なものです。血液が細胞に酸素や栄養をきちんと送り届けなければ、細胞の生まれ変わりサイクルを正常に保つことはできません。

図3－1

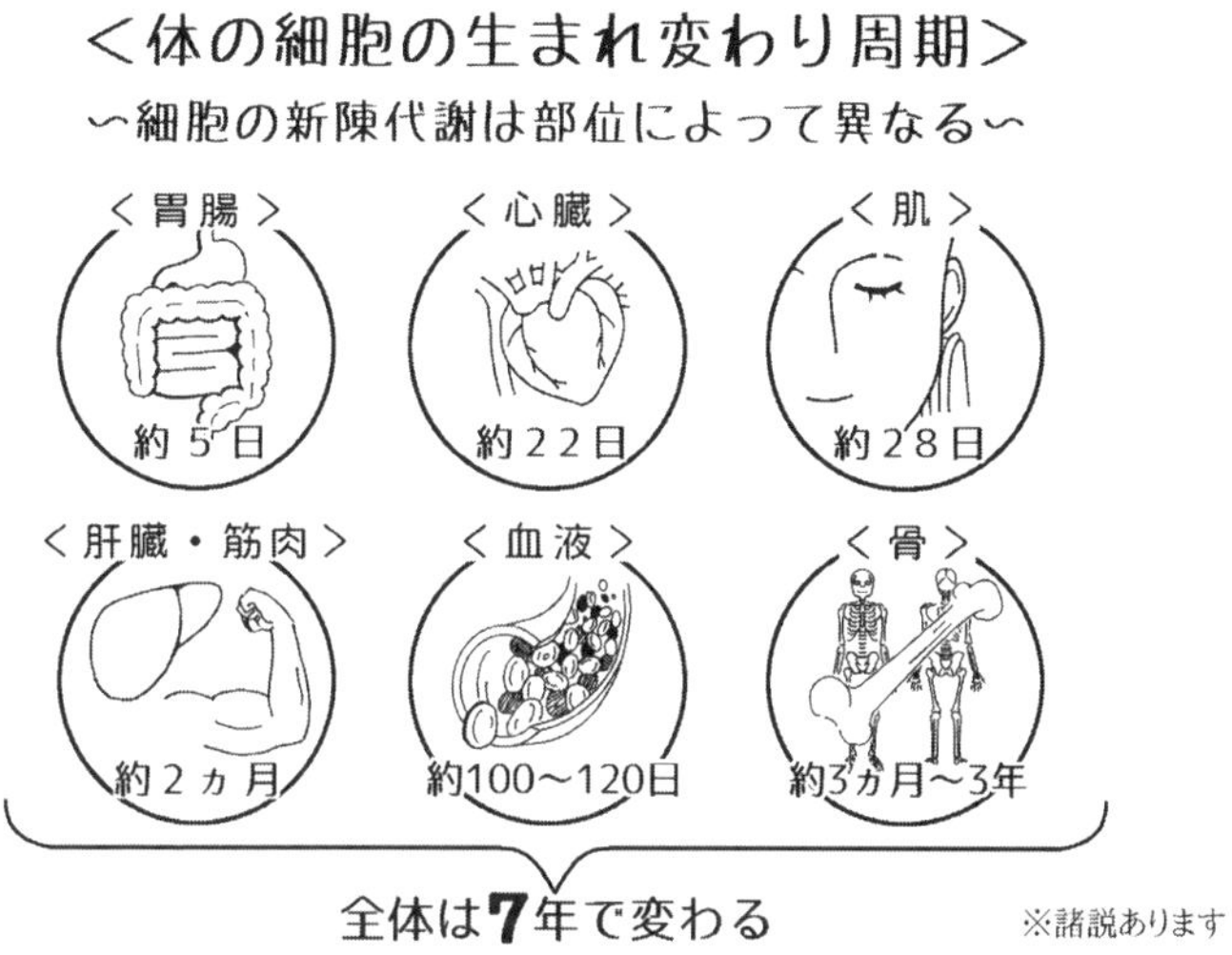
＜体の細胞の生まれ変わり周期＞
～細胞の新陳代謝は部位によって異なる～
＜胃腸＞
約5日
＜心臓＞
約22日
＜肌＞
約28日
＜肝臓・筋肉＞
約2ヵ月
＜血液＞
約100～120日
＜骨＞
約3ヵ月～3年
全体は7年で変わる
※諸説あります

また、代謝は自律神経やホルモンの影響を受けます。これらが感情によって簡単に変化してしまうことは、ここまで本書を読んできたあなたなら、もうお分かりでしょう。

だからこそ「心で思うこと」は非常に重要なのです。マイナスな思いを持つ、または我慢ばかりすることで、血液や氣は汚れ、それが体中を巡ることになります。細胞は、汚れたガソリンで元気はつらつとした活動ができるでしょうか？　おそらく難しいでしょう。

病気になってしまったとき、トラブルに見舞われたとき、あなたは心で何を思いますか？

①なぜこんなにダメなんだろう？　自分だけどうして？

←

②自分で治せるなら自分次第。ならば、うまくいくためにはどうする？

①の思考では、ダメな理由やできない理由をかえって集めてしまいます。その結果、自分がダメだという思い込みを強化し、未来はもっと悪くなってしまうかもしれません。
②の思考なら、うまくいくための方法が集まってきます。成功するのに必要な情報やチャンスが見えるようになれば、失敗を肥やしにして「うまくしかいかない」という思い込みを強化するので、未来はどんどん良くなります。

マイナスの感情が起こるときは、「本来の自分から離れているサイン」と気付くことから始めていきましょう。

偽りの自分に引っ張られていると、本当の自分に近づくことを避けてしまうので、どんどん否定的な感情が沸きあがります。

一人が「つらい」「寂しい」「怖い」「つまらない」など、一人になることを恐れがちですが、どんな状況でも「自分は大丈夫」「必ずうまくいく」と心から信じることができれば、現実も本当に大丈夫になっていくものです。

5 キレイな心を取り戻した当時の私が得た未来

34歳のときに1年ほど寝たきりになったことで、私の人生は一度強制終了となりました。けれど、そんな地獄があったからこそ私は立ち止まることができ、さらにその後の人生を大きく変えるきっかけをつかむことができました。

努力や根性では乗り越えられない状態になって初めて、「人に頼る」という選択ができたのです。頑なに強い思い込みを持っていた私は、娘の命までも危険にさらす状況になって、やっと気づくことができました。

人に頼る――。

それは、私の人生において大きな課題でした。

幼少期の家庭環境から、一人で頑張ること、迷惑をかけないこと、心配をかけないことばかりにフォーカスしていた私。頼ることは悪いこと、甘えるのは迷惑だと、勝手に思い込んでいました。

そして、自分の中から出てくるやりたいことに対しては「お金がない」「時間がない」と後回しに。やらなければいけないことだけで毎日が埋め尽くされ、ネガティブな感情は見ないフリ、気付かないフリをして我慢のループを繰り返しました。

周りにとって良い人間、周りにとって完璧な人間であろうとしたけれど、どんなに頑張っても、絶対にたどり着けない「不足だらけのセカイ」。

だから、生きる理由を他人に求めては、またすぐに穴が開き、埋められないまま、ずっともがいていたのかもしれません。

そんな私が社会人になった頃の口グセは「死んでも仕事だけは行く」でした。死んだら行けないでしょ、というのはちょっと脇に置いて……。当時の私は心が壊れ、体が壊れても、自分ではもはや止まれなかったのです。

娘がいつからか笑わなくなったことにさえ気付かないまま、ただ走り続け、どんどん壊れていく私を、神様は見かねたのでしょう。遂に、頑張ることさえできなくさせました。

寝たきりになり、指も動かせない、文字も読めない、朝から晩まで天井を見つめて、ただ息をしているだけの毎日。何もできないまま過ぎていく時間は、途方もなく長く感じました。

そして必死にすがってきた医療にも見捨てられたとき、迫りくる死への恐怖に耐えきれず、どうせ死ぬなら今死のうと自殺未遂を何度も繰り返し、挙句に娘と心中を図ろうとしたことも。けれど、ことごとく失敗。私は死ぬことさえまともにできない……。悔しさが込み上げ涙がとまらなくなりました。

泣きじゃくる中で、やっぱり頭に浮かぶのは娘のことばかり。「彼女の笑顔を見たい」「できるならこの手で守りたい……」そんな気持ちで頭が埋め尽くされました。

そこまできてやっと、私の中に押し込められていた本音（心の声）が顔を出したのです。

生きたい！
幸せになりたい！

心の叫びが聞こえたとき、また涙が溢れました。さっきまでとは違い、温かなものでした。それは、嬉し涙だったのかもしれません。さらに、感じたことのない穏やかさ、安堵感を覚えていました。

それからはとてもあっという間で、自分の望みがハッキリと認識できたことで、目的地が明確になりました。

「じゃあ、そのための行動をすればいいだけ！」と、まだ寝たきりの状態から何も変わっていないにも関わらず、それまでの恐怖や不安は嘘のように消え去っていました。むしろ、これから始まる未知なる挑戦に、ワクワクした思いさえ感じていたのです。

もう自分を責めて落ち込んだり、運命を呪ったりすることはなくなりました。

第3章

毎日、元気になるために、幸せになるために、思いつくことに片っ端から取り組み、たくさん学び、行動し続けました。もちろん、最初からうまくいったわけではありません。失敗したことも間違ったこともありました。けれど、目指すゴールは1つだったので、落ち込むことはなくなったのです。

「これをすると失敗するんだな」「次はもっとうまくできる」と失敗を糧にし、トライ＆エラーを重ねました。こうした日々は、今では私の宝物です。

一つの体に数多くの病気を抱えていたことで、人体や細胞についてより幅広く、より深く学ぶことができました。

体の状態は悪く、タイムリミットも迫っていて、それこそ、私の運命と娘の命がかかっていました。だからこそ、それはもう必死に学びました。あんなに没頭できた経験は、確実に今日の私をつくる礎になっています。

本当の意味で人に寄り添い、望む未来に導いてあげることができるようになれたこと。

自分が諦めない限り、奇跡も起こせること。
誰でもみな、その力を持って生まれてきていると、私は確信しています。

第3章

column

我欲か真我か

ブランド物で着飾り、高級車に乗ることやタワーマンションに住むことを勝ち組と豪語する人っていますね。

こういう人はモノやお金の価値でしか自分の価値を認められず、その心の中は苦しみ、悲しみ、劣等感で埋め尽くされています。

人は本来、誰しもが唯一無二であり優劣など存在しないのに、です。それなのに、人の上に立つ（フリをする）ことでしか自分の存在を確かめることができないのは、とても苦しいだろう、と思います。それらは「エゴ」であり「我欲」からくるものだからです。

SNSには、そんな欲まみれの投稿も多くあります。キラキラした写真を撮ることに心血を注ぎ自分のステータスを誇示する——。多少であれば人間らしくてかわいいですが、それが行き過ぎると「エゴ」や「我欲」に振り回されることに。たとえば、お金がないのにあるフリをする。高級ホテルに行き写真を撮影。SNSにアップしたら、おんぼろビジネスホテルに戻る。そんな人たちもいるとかいないとか。

周囲や他人は騙せても、自分のことは騙せません。そんな「嘘」をつき続けるうちに自己肯定感はますます下がり、劣等感はさらに大きくなります。

私は服もおしゃれも、車も好きですが、必要な機能があってデザインが気に入れば何でもいいタイプ。高級であることに特に意味を感じませんし、ブランドには興味を持ったことがありません。ロゴさえ読めないブランド音痴です（笑）。

話が逸れましたが、エゴや我欲は虚像に対しての反応です。

心にある恐れや不安から「抵抗」や「防衛」として反応が起こります。ですから、否定するのではなく、理解して認め、許し、癒やし、愛してあげましょう。それができれば、ネガティブな心の声は徐々に小さくなっていきます。

なぜその行動をしてしまうのか。自分の本心を聞いてあげることが大切です。

エゴや我欲の対義語は、真我。「本当の自分」という意味であり、言い換えると人間の持つ純粋意識（純粋な気付き）です。

モノゴトをありのままに捉え、ただ観察します。そこに苦しみはなく、愛と感謝と喜びに溢れています。その心にあることが具現化するので、現実に起こることも愛に溢れていくのです。

今、心が思っていることが我欲か、真我かは、その願いが叶ったときに安らぎを感じるかどうかで分かります。

我欲からくる願いは、叶えばもちろん喜びを感じますが、それもひと時のこと。すぐに不安や恐怖に変わり次の願い、次の願い、と求め続けることになります。

一方、真我の願いは、叶えば自分だけでなく、周りにとっても喜びとなり、大きな安らぎが広がっていきます。そして、心が満たされるのを実感することでしょう。

自分の中の真我を知るには、瞑想や悟りなど、いろいろな方法があります。けれど、なかなかうまくいかない人が多いようです。

私のおすすめは、「他人のために自分が役に立てること」を考えることです。

それは感謝や愛にダイレクトに繋がり、真我が喜ぶことだから。すると、心の中の願いは、思っているよりも早い速度で叶うようになるでしょう。

第4章

受け取る感情が変わると世界は見違える

1 笑い続ける人 or 悩み続ける人

「いつも笑顔の人がうらやましい。でも自分は仕事も楽しめないし、あの人のようには笑えない」

「刺激的なことも新しい出会いもない毎日、楽しさを感じられるときがない」

こんなことを思っていませんか？

いつも元気で笑顔の人は、毎日良いことしか起きないから笑顔なのでしょうか。もし順序が「逆」で、笑顔でいるから良いことが起きる、なのだとしたらどうでしょう？

ドイツの神経心理学者ミュンテ博士らは、つくり笑顔による感情や脳への影響を調査し、「笑顔に似た表情を作ると、ドーパミン系の神経活動が変化し全般的な幸福感が高まる」ことを突き止めました。

このことから私たちの脳は「楽しいから笑顔を作る」というより、「笑顔を作ると楽しくなる」逆因果（原因と結果の逆転）があることが分かりました。

笑顔には心を元気にする効果があります。たとえば、話している相手をリラックスさせたり、イキイキとした印象を与えたり、自分自身にも気持ちに余裕が生まれたりするなどです。

健康面では、笑うことでリンパ球の一種であるNK（ナチュラルキラー）細胞が活性化されるともいわれ、免疫力が高まるとの報告も。そして、別名「幸せホルモン」と呼ばれるセロトニンが分泌されることで精神的にも安定するといわれています。

こうしたメリットは、意図的に口角をあげた「作り笑顔」でも同じ効果が得られる、とミュンテ博士の報告からも分かっています。たとえ自然と笑顔になるような面白いことがなくても、意識的に笑顔を作ると、心身ともに健康に一歩近づくことができるようです。

ここで少し、「感情」というものの正体について深掘りしてみましょう。

図4－1

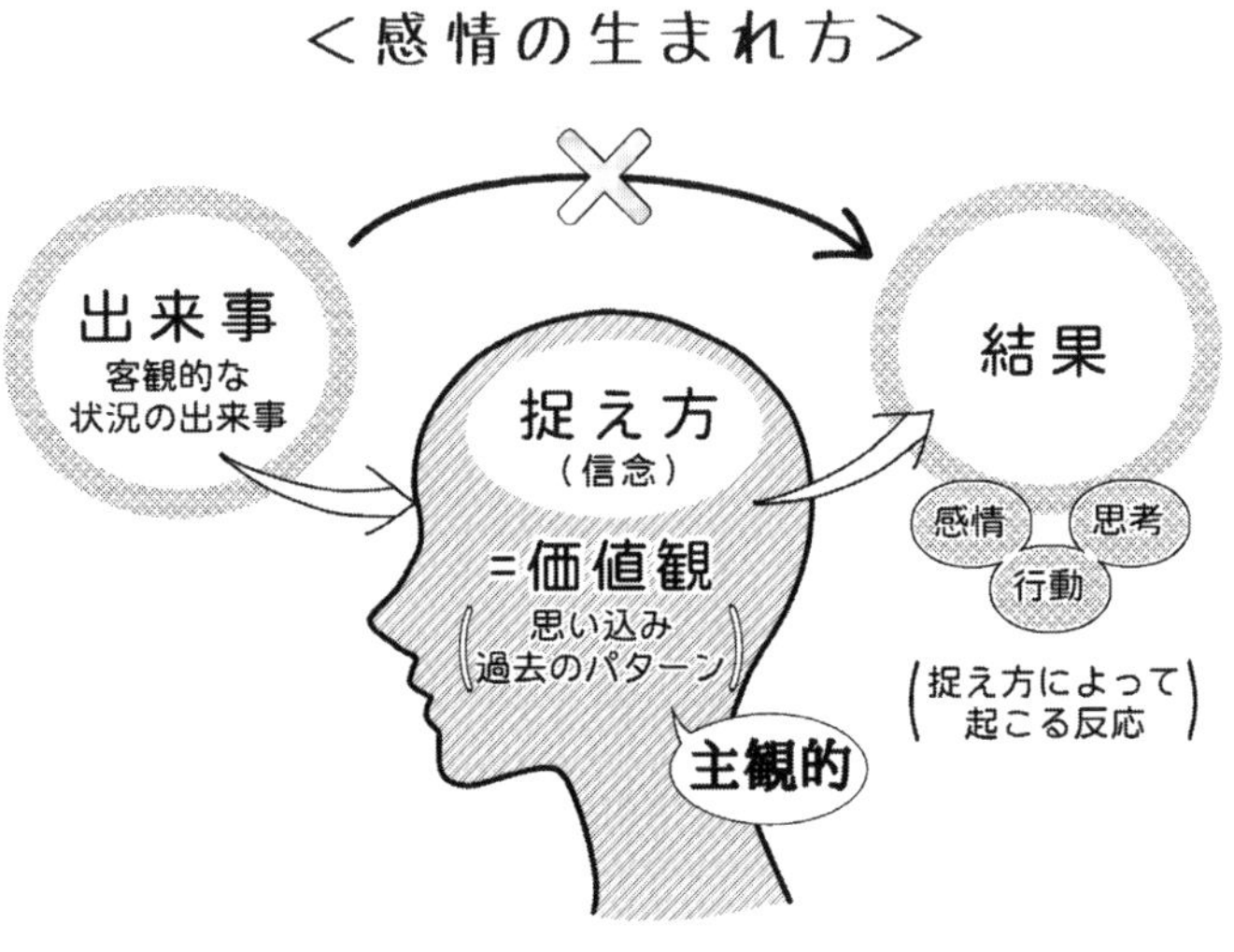
＜感情の生まれ方＞
出来事
客観的な
状況の出来事
捉え方
（信念）
＝価値観
思い込み
過去のパターン
主観的
結果
感情
思考
行動
捉え方によって
起こる反応

赤ちゃんの感情は、古い脳（潜在意識）の「反射」としての行動が主になっています。たとえば、泣く、笑うなど、外刺激に対して単純な反応を返します。やがて、人間脳が成長していくと、感情の構成には1つのステップが加わります。それは、「認知」といわれるもので「出来事の捉え方」のことです。

つまり、客観的な状況や出来事に対し、思い込みや過去の記憶など、主観的な価値観である「信念」が加わり、感情や思考、行動に影響を与えます。この認知（信念）が歪むと、不快な感情を覚えやすくなります（図4－1）。

認知については、アメリカの臨床心理学者、アルバート・エリスのABC（DE）理論が有名です。これは、出来事が結果を生むのではなく、その捉え方により結果は変わる、というもの。現在の認知行動療法の基礎となる考え方です。言い換えれば、感情は出来事によって揺さぶられているのではなく、出来事を「どのように捉えるか」によって揺さぶられるということになります（図4－2）。

この「捉え方」が非合理的な思い込みである場合、悩みや苦しみを引き起こす根本原

図4－2

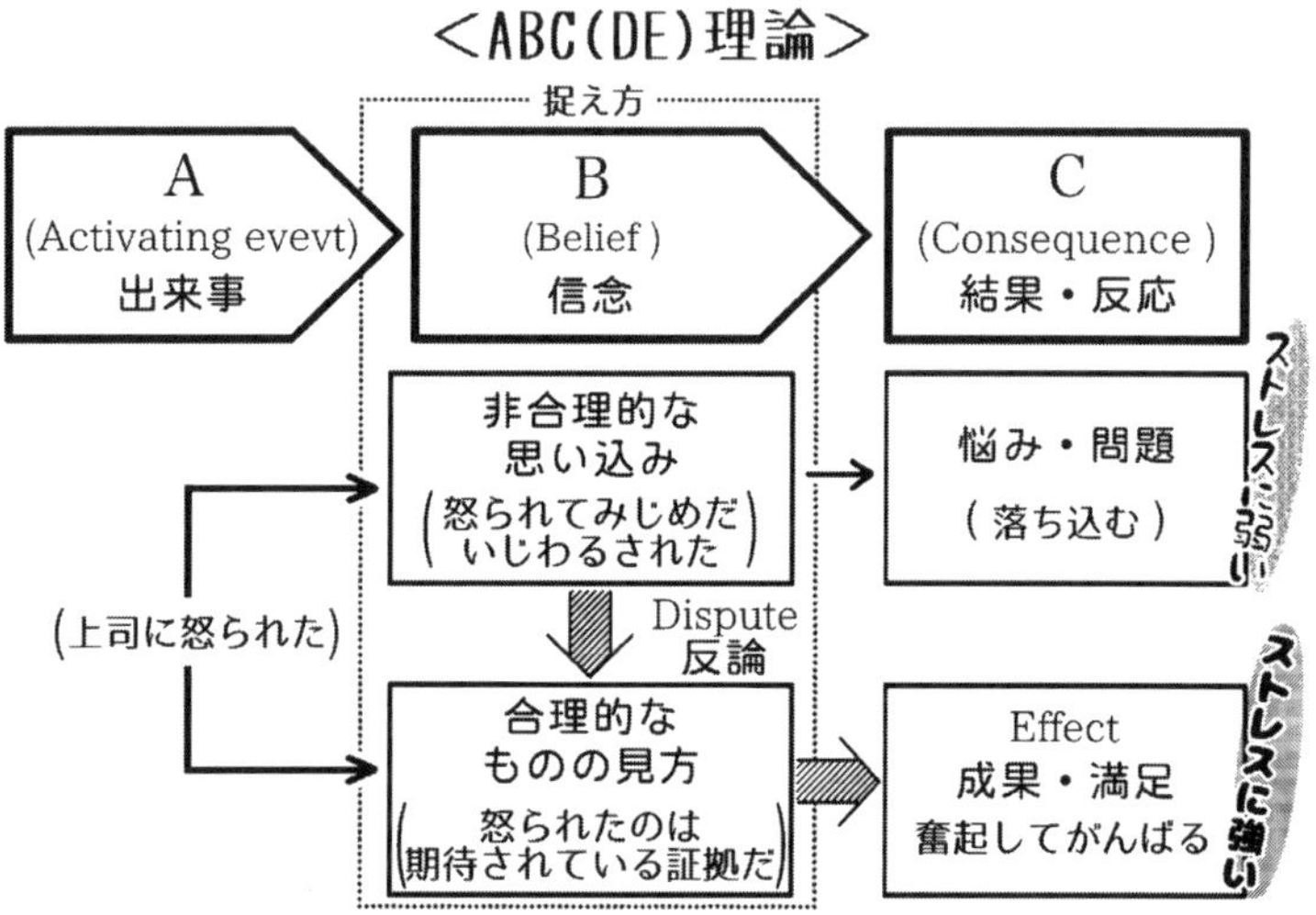
＜ABC(DE)理論＞
捉え方
A
(Activating evevt)
出来事
B
(Belief)
信念
C
(Consequence)
結果・反応
非合理的な
思い込み
(怒られてみじめだ いじわるされた)
悩み・問題
(落ち込む)
ストレスに弱い
(上司に怒られた)
Dispute
反論
合理的な
ものの見方
(怒られたのは 期待されている証拠だ)
Effect
成果・満足
奮起してがんばる
ストレスに強い

因にもなり得ます。
また、この「捉え方」は「自己肯定感」を左右する重要な概念でもあるので、まず、自分の認知に歪みがないかを確認しましょう。もし、思い込みで非合理的な認知になっているなら、それを現実的で合理的、かつ実利的な捉え方、つまり、客観的な捉え方に置き換えていく必要があります。

認知（信念）には「合理的」と「非合理的」の2種類があります。この後者を「不合理な信念（ネガティブで偏った認知スタイル）」といい、4つの種類に分かれます（図4－3）。先のエリス氏によれば、「良い結果へと導かない解釈」だといいます。自分を追い込むものであり、それから解放されることこそが、自己肯定感を高める重要なポイントだともいわれています。
たとえば、誰かから指摘を受けたときに「いじわるをされた」と捉える人は、その経験を糧にして成長することができません。また他の誰かに同じ指摘を受け続け、やがては周りから見放されてしまうかもしれません。気付く機会を失い悪い印象は定着して、今後の人生をより良くしていくための障害にもなりかねないのです。

第4章

反対に、自己肯定感が高い人は、どんな自分にも「OK」が出せる人です。

たとえば、何かに挑戦して失敗してしまったとき、すぐにくじけて自分が嫌いになる人には、「私は完璧でなければいけない」という「不合理な信念」があるのです。けれど、自己肯定感が高い人には、「私は完璧じゃなくてもいい」という「合理的な信念」があり、「失敗しても大丈夫」と、失敗した自分にOKが出せます。

あなたの人生が天国か地獄かは、あなたのABC理論によって変わります。実際の出来事は同じでも、そこから得る結果や感情は自分自身が選んでいるのだと知りましょう。

このように、ものごとの捉え方、信念は、人生の幸福度に深く関わっているのです。

図4－3

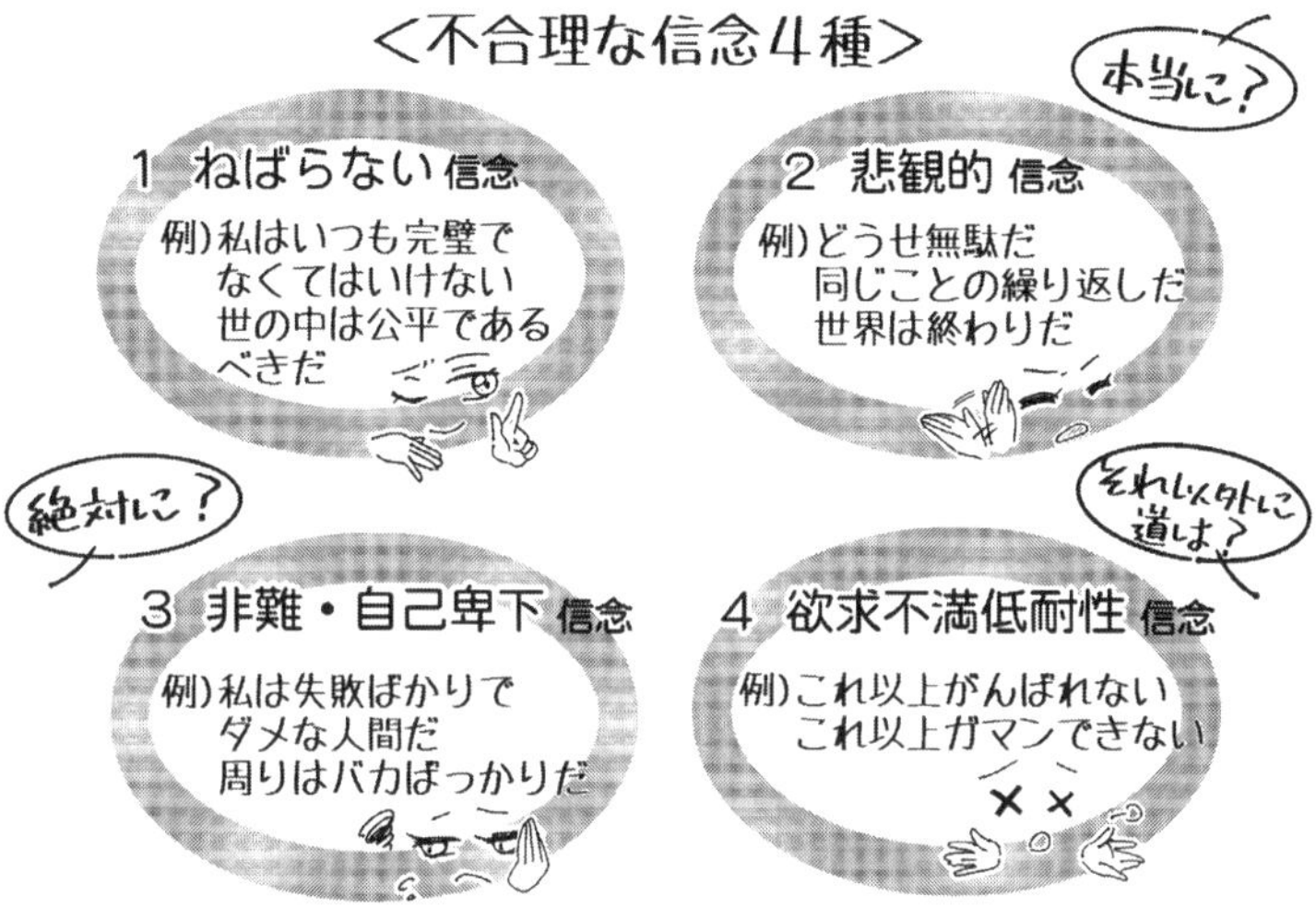
<不合理な信念4種>
本当に？
1 ねばらない信念
例）私はいつも完璧でなくてはいけない
世の中は公平であるべきだ
2 悲観的信念
例）どうせ無駄だ
同じことの繰り返しだ
世界は終わりだ
絶対に？
それ以外に道は？
3 非難・自己卑下信念
例）私は失敗ばかりでダメな人間だ
周りはバカばっかりだ
4 欲求不満低耐性信念
例）これ以上がんばれない
これ以上ガマンできない

2 「やりたくないけどやる」で自己価値観は失われていく

人は、やりたいことには放っておいてもどんどん取り組みます。飽きずに続け、能力も大いに発揮します。

それに比べてやりたくないことは、我慢や忍耐がないと続かない上に、成果もあまり期待できません。

だったら、やりたいことだけやればいいんじゃない？

そう思いませんか。やりたいことなら、効率よく最高のパフォーマンスが出せるのですから。

けれど、「社会生活をしている限り、やりたいことだけやるなんて無理だ」「我慢から得るものもあるはずだ」と思う人はいます。辛抱や努力なくして人生は変えられないのだと。

過去の私もそうでした。「楽をするのは悪いこと」だと思い込んでいましたが、原理原則のセカイではそんなことはありません。

むしろ余計な苦労をしたり、犠牲を払い続けていたりすると、「自己肯定感を自ら下げる」というデメリットが発生してしまいます。

たとえば「やせたい」と、ダイエットを始めたとしましょう。けれど、努力をしても結果に繋がらなかったり、我慢できなくてつい食べてしまったり。ダイエットが失敗に終わるなど、よくある話です。

そんなとき、「なんて自分はダメな人間なんだ……」と多くの人が落ち込みます。そこから「しょうがない」「明日からまた頑張ろう！」と奮起する人もいますが、たいていそれは長く続かず、同じことを繰り返して何度もダイエットを失敗するという悪循環に陥ります。

その結果、「やっぱりできなかった」となり、「こんなに精神力が弱い私は、きっと何をやってもうまくいかない」と、自分がどれだけダメかを上書きしていきます。そして、悪い思い込みはどんどん膨れ上がっていくのです。

実は、この悪循環こそ、「やりたくないことをやる」最大の落とし穴です。

やりたくないのに「やらなければいけない」という思い込みは、同時に自分に呪いをかけてしまいます。「そうするしか私には選択肢がない。なぜなら私には価値がないのだから」と。

このメッセージを受け取った潜在意識は、「価値がないこと」を証明しようとし、あなたが苦しむ出来事を増やしていきます。すると、自己肯定感が下がり、自分の価値をますます感じられなくなってしまいます（図4－4）。

そうして人生の歯車は、加速度的にうまく回らなくなり、生きるのがつらくなっていくのです。

やりたくないことをやめ「やらされ感」のない生き方をする方法は一つ。「本当の人生のゴールを設定」することです。

図4－4

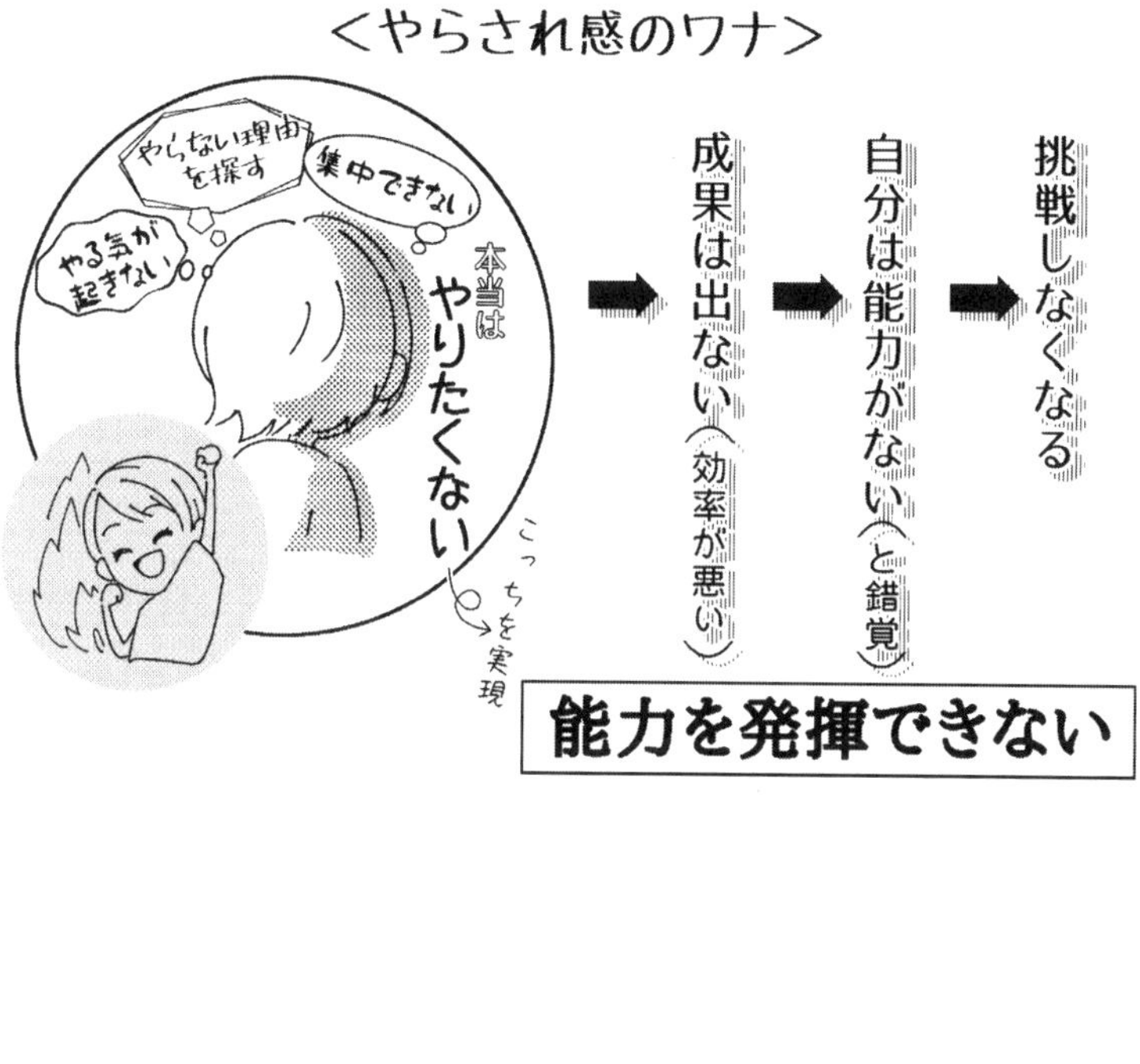
＜やらされ感のワナ＞
やらない理由を探す
集中できない
やる気が起きない
本当はやりたくない
こっちを実現
成果は出ない（効率が悪い）
自分は能力がない（と錯覚）
挑戦しなくなる
能力を発揮できない

目先の手段を追いかけるのではなく、そのずっと先にある自分の理想、あるいは人生の目的を認識することです。これができると、やりたいことだけをやって生きていけるようになります。そして、自分のことが好きになり、今思い描いているイメージをはるかに上回る理想の人生を送れるようになります。

では、どうしたら自分の理想や人生の目標を認識できるのでしょうか。

ポイントは「コンフォートゾーン」が握っています。

コンフォートゾーンとは、あらゆる事象の「快適な領域」と捉えることができます。実際の空間はもちろん、行動内容や人間関係など、目に見えない領域も含みますが、ストレスや不安のない、負担が最も小さい安全地帯、つまり自分にとって心地良い環境のことです。

理想の人生を生きるためには、「コンフォートゾーンを拡張する」か「コンフォートゾーンをずらす」ことが必要です。

ゾーンを「拡張する」というのは、たとえば「環境に飛び込む」や「先に痛みをとる」

といったもの。一般的な成長の過程ということもできます。コーチングなどでよく使われる手法ですが、間違ったやり方で取り組むとパニックゾーン（自分の力が及ばず過度なストレスを感じる領域）に転げ落ちてしまうリスクもあるので要注意です（図4－5）。

一方のゾーンを「ずらす」は「現状の外側にゴールを設定」することになります（図4－6）。

少し高度な手法の部類にはなるのですが、ここではテクニックいらずの方法をご紹介しましょう。それは「憧れの人に染まる」という方法です。

人が「変わる」ためには、労力や根気がいります。けれど、好きな人や憧れの人に「染まる」のであれば、比較的容易にできます。実物と直接会わなくても、動画や音声を聞くだけでもいいのです。繰り返すうちにコンフォートゾーンが勝手に理想の状態にセットされます。その後は恒常性が働くので、理想のゴールに向かって自動操縦で変化していきます。

第2章で話した、年収300万円の人と年収1億円の人の話を覚えていますか？

図4－5

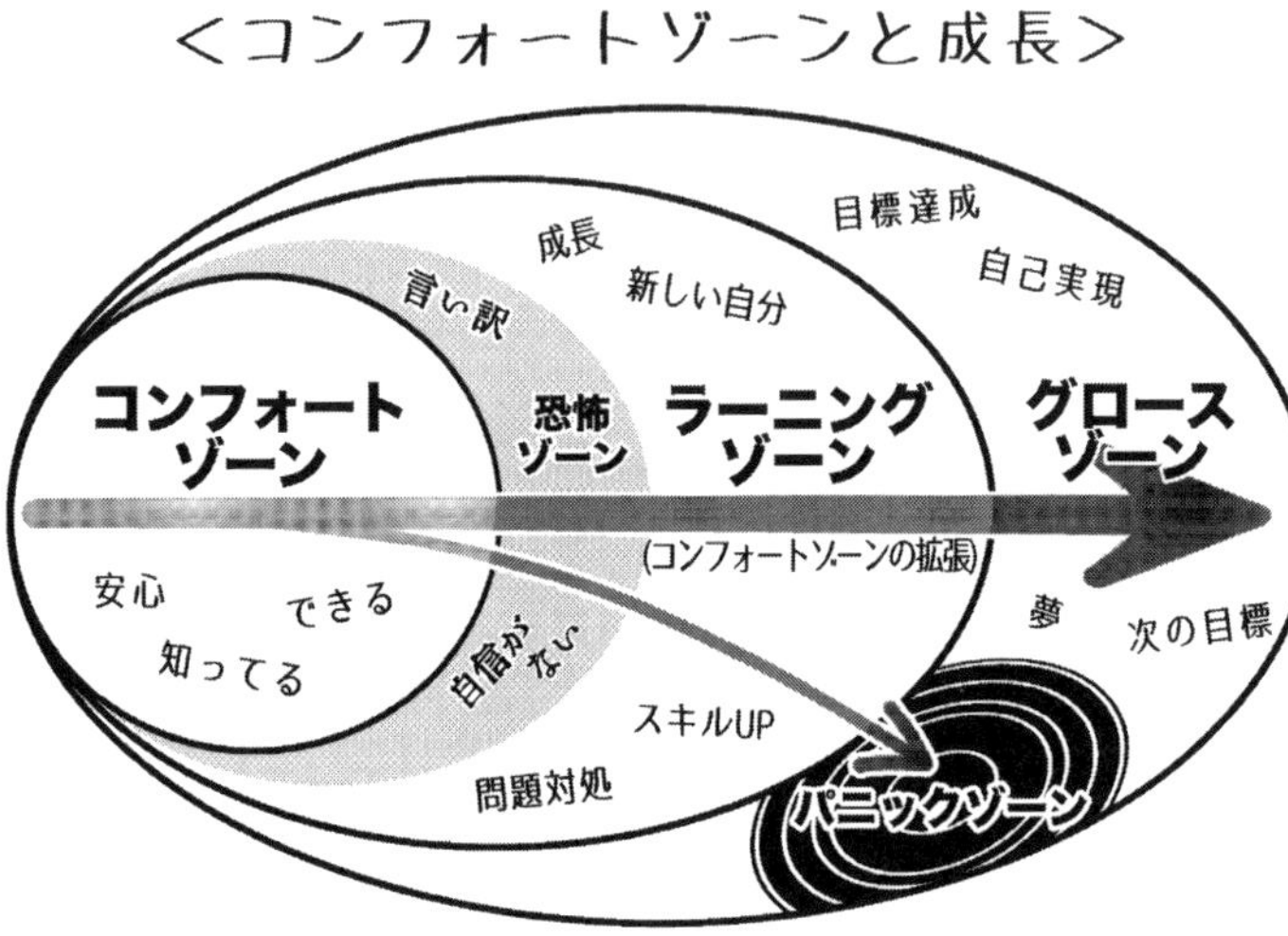
<コンフォートゾーンと成長>
目標達成
成長
自己実現
言い訳
新しい自分
コンフォートゾーン
恐怖ゾーン
ラーニングゾーン
グロースゾーン
(コンフォートゾーンの拡張)
安心
できる
知ってる
自信がない
夢
次の目標
スキルUP
問題対処
パニックゾーン

図4－6

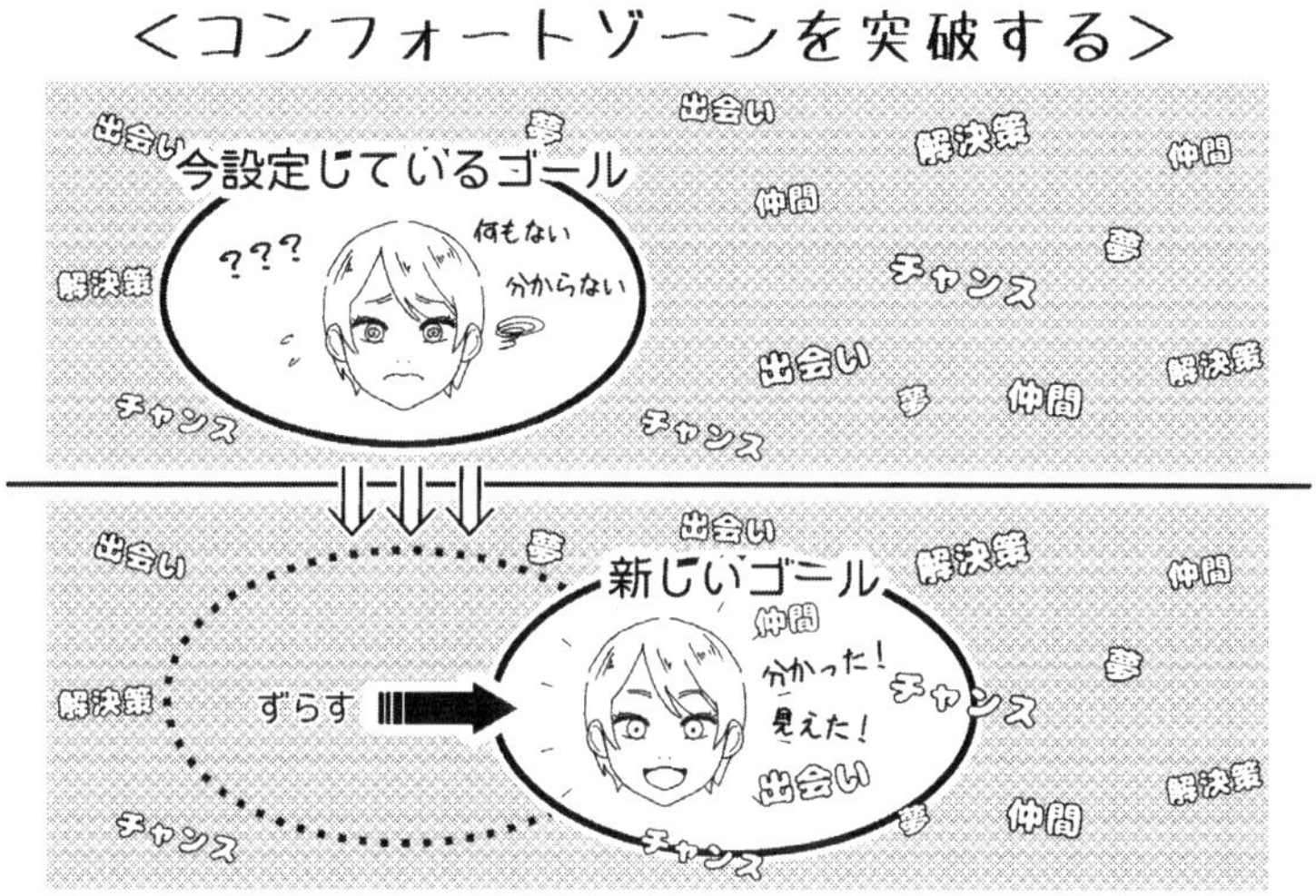
<コンフォートゾーンを突破する>
今設定しているゴール
???
何もない
分からない
新しいゴール
ずらす
分かった！
見えた！
出会い
夢
解決策
仲間
チャンス

両者に環境や能力の差はほとんどなく、チャンスが「見えている」か「見えていないか」の違いである、と言いました。

チャンスが見えていない状態のことを「スコトーマ（心理的盲点）がある」といいますが、思い込みによりフィルタリングされてしまうことが原因です。しかし、そのスコトーマをずらすことができれば、これまでは見えていなかったもの、ゴール達成に必要な解決策やそのためのチャンスが、すぐそばにあることに気付くことができるのです。

繰り返しになりますが、今は達成する手段など、分からなくて構いません。あなたの代わりに、無意識が勝手に達成する方法を考えてくれます。あなたはその流れに体と心をゆだねるだけでいいのです。

3 感情は体の使い方に影響を受ける

「楽しいから笑うというより、笑顔を作ることによって楽しくなる」という逆因果があり「表情を変えることで感情を変えることができる」と、この章のはじめにお話ししました（121ページ参照）。

実は、気持ちを切り替えるやり方は笑顔だけではありません。ここから、感情を動かす「体の使い方」について見ていくことにしましょう。

この手の話題が出た際、よく例としてあげられる「パワーポーズ」と呼ばれるものがあります。足を肩幅に開いて、胸を張り、両手を大きく広げるか腰に当てて立つ、いわゆるスーパーマンのような姿勢です。

このポーズを取ることで男性ホルモンの一種、テストステロンが上昇するといわれ、コルチゾールの低下を促すとされていました。自尊心や自信を高めるポーズとして、

TEDトーク※4でも提唱されて一世を風靡しましたが、他の研究者たちにより「身体的な効果は確認できない」との研究結果が公表され、「パワーポーズ」の生みの親からも完全否定の文書が出るに至りました。

現在は、「パワーポーズ」による身体的な効果は真偽不明となっています。けれど、負の姿勢と負の感情については多くの研究がなされ、負の姿勢を「しないこと」には効果があると考えられています。

身体心理学という「体と心のありよう」を研究した、早稲田大学名誉教授・春木豊氏は、姿勢や顔の向きが気分に大きな影響を与える、という調査結果を発表しています。

背筋の伸びや曲げ、顔の角度をそれぞれ段階に分けて調査を行ったところ、気分に大きな違いが見られたとしています。特にうつむき姿勢では、弱々しく生気のない、暗くて憂うつな気分が生じると報告されています（図4－7）。

※4　TEDトーク―― さまざまな分野の最先端でグローバルに活躍する有名人を招き、プレゼンテーションを行う世界規模の講演会。この模様はネットで無料配信される。TEDは「Ideas Worth Spreading（＝広める価値のあるアイデア）」を理念に掲げる非営利団体。

図4－7

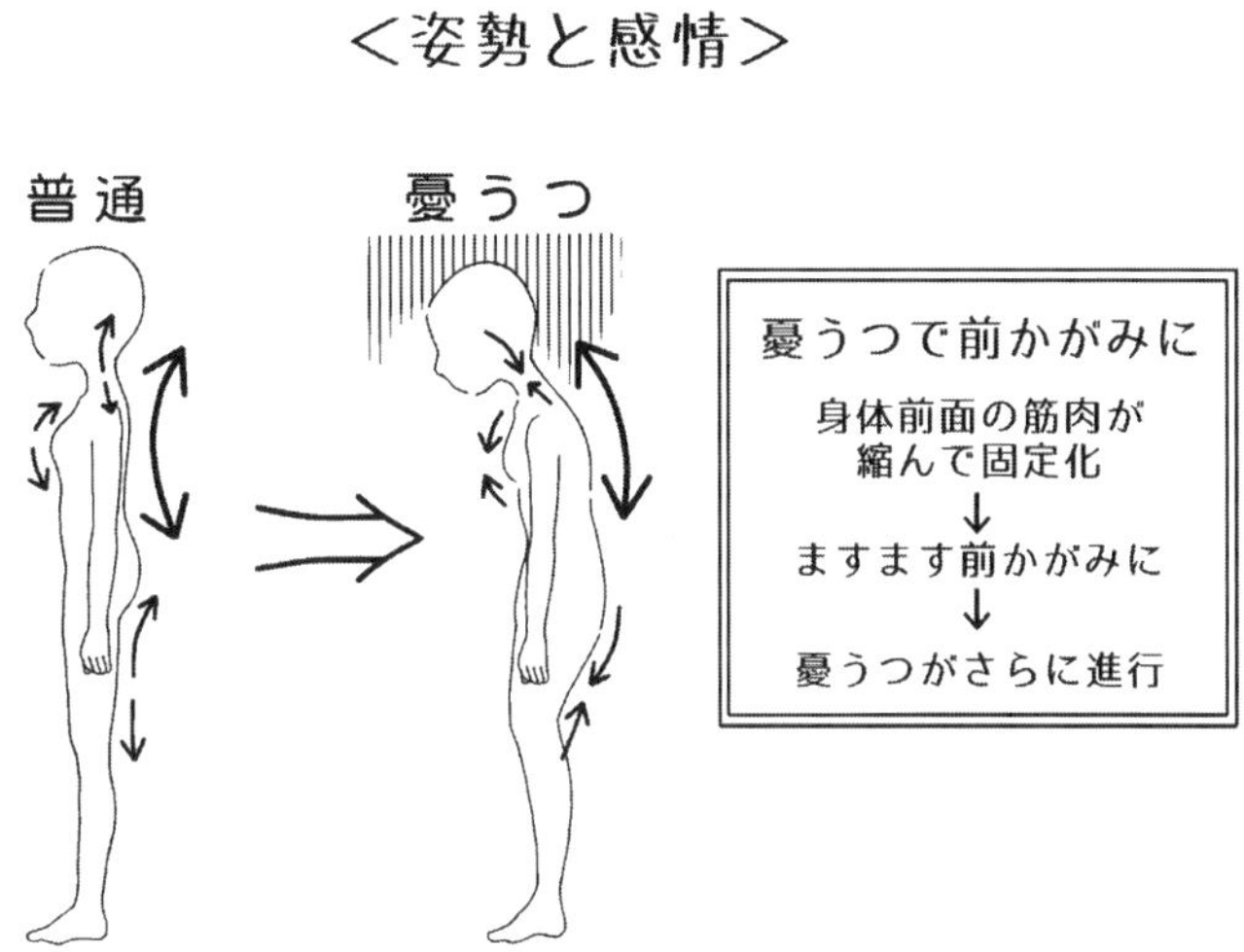
<姿勢と感情>
普通
憂うつ
憂うつで前かがみに
身体前面の筋肉が縮んで固定化
↓
ますます前かがみに
↓
憂うつがさらに進行

これを踏まえ、背筋を伸ばして顔を上向きにすれば、反対の気分が生じるということになります。姿勢を変えることで気分は変わる。あるいは、意図的に気分を変えることができるのです。

物理学者のフェルデンクライス氏も、「負の感情はすべて、屈曲として現れる」と述べています。

確かに日常を思い浮かべれば、怒ったとき、不安なとき、恐怖を感じたときなど、負の感情を抱くと、体は自然と前かがみになっている覚えがあります。

少し固い話をしましょう。人間は生物学上、四肢動物に分類されます。人間以外の四肢動物が普段から四つ這いの姿勢で体の前面を保護しているのに対し、人間は、咽頭、胸部、腹部、鼠径《そけい》部、陰部などの感受性が高く脆弱な部分を保護せず、外界にさらけ出していることになります。

つまり、人間は脅威を感じたときに初めて、体を丸めて四つ這いの防御姿勢をとって大事な部分を保護するということになります。

ここで知って欲しいのは、この防御姿勢をとった後に、意識的に通常の姿勢に戻すということです。防御姿勢をとったままでいると多くの問題が生じる可能性があります。前かがみの姿勢は、肋骨、骨盤、横隔膜の動きが制限され、呼吸をうまく行うことができません。ゆったりとした呼吸ができなくなることで、ますます交感神経が優位になってストレスが増幅する事態に陥り、それが続けば、怒りや悲しみ、不安などうつ症状を引き起こすことにもなりかねません。

第5章で詳しくお話ししますが、体の扱い方においては、呼吸が重要なカギを握ってきます。正しい呼吸をすることで、体調を整える効果は一気に倍増します。

禅には、「調身、調息、調心」という言葉があります。姿勢を整え（調身）、呼吸を整え（調息）れば、心も整う（調心）という意味です。

この3つは互いに不可欠なもので、どれか一つ欠けてもうまくいきません。

感情から姿勢が作られる一方で、姿勢から感情が作られることもあります。

ストレスが続きうつ状態になるとき、病気の悪化や苦痛が増すこともあります。このように心をコントロールできないときこそ、姿勢をコントロールすることが大切です。不調がなかなか整っていかない人は、ぜひ一度、姿勢もチェックしてみてください。

4 過去の延長に未来があるのではなく、未来から過去は作られる

突然ですが、時間がどのように流れているか、考えたことはありますか？

ほとんどの人が時間は「過去から現在へ」「現在から未来へ」流れていると考え、それに疑問を感じたことはないかもしれません。けれど、この考えからすると「過去の失敗が未来の自分を作る」と連想してしまいがちです。

私の考えはその逆です。時間は「未来から現在へ」「現在から過去へ」流れていて、だからこそ、現状に関係なく未来は変えることができると思っています。

脳科学の世界的権威であり、認知科学者の苫米地英人氏が、著書『「性格」のカラクリ～〝イヤな他人〟も〝ダメな自分〟も一瞬で変えられる』（誠文堂新光社、2019年）で、「過去が未来を作るのではなく、未来が過去を作る」事例として、次のように語っています。著書の中から2つのエピソードを引用します。

【エピソード1】


たとえば、あなたが川の真ん中に、上流の方を向いて立っているとします。

すると、上流から、赤いボールが流れてきました。

それを取るも取らないもあなた次第ですが、あなたは取らないことを選びました。

やがて、今度は青いボールが流れてきました。

この場合、あなたが赤いボールを取らなかったことと、青いボールが流れてきたことの間には、何の因果関係もありません。

上流にいる誰かが、最初に赤いボールを流し、次に青いボールを流した。

ただ、それだけのことであり、過去は未来に何の影響も与えていないのです。

【エピソード2】

あなたが特売品を買うために、スーパーに行ったとします。

しかし残念ながら、その品は売り切れでした。

「せっかく出て来たのに、ついてない」と悔しい思いを抱えたまま、帰宅途中にドラッグストアに寄ったところ、スーパーで買おうと思っていた特売品が、さらに安い値段で販売されており、あなたは「ラッキー」「スーパーで買えなくて良かった」と思いました。

ドラッグストアに、同じ商品が安く売っていたおかげで、最初は「ついてない」と思った出来事が「ラッキー」に変わったわけです。

「未来が過去を作る」というのは、こういうことです。

過去を教訓にすることは大切ですが、過去を「自らの足かせ」にする必要はありません。

ただ、もし、今は未来に進む気力もないくらい、息が詰まって苦しくて、もう頑張れない、というあなたには「スリーグッドシングス」をおすすめします。

スリーグッドシングスは、アメリカの心理学者、マーティン・セリグマン博士が提唱した「ストレス解消方法」で、「幸福度を上げる」効果もあるといわれています。

その方法はとても簡単でシンプル。「夜眠る前に今日のポジティブな出来事を3つ書き出す」というものです。


無意識下での脳は、ネガティブな情報を集め、思考し、記憶する作りになっているといわれています。また、朝は理性的で、夜は感情的な傾向にあるとも。これには交感神経と副交感神経が関係しています。心身を緊張させる交感神経が優位な朝は理性的、心身が緩む副交感神経が優位な夜は感情的になるといわれているのです。

そのため、日中はあまり意識しなかった悲しみや不安が、夜になると大きく膨らみやすいという傾向があります。


しかし、「スリーグッドシングス」によってポジティブな記憶を意図的に呼び起こし、それを反芻《はんすう》することで、脳内での記憶の比重が変わります。

書き出す内容は、自分自身がポジティブになれるものなら、どんな些細なことでも構いません。私がスリーグッドシングスを始めた頃は病気の真っ只中で、しかも元々、自己肯定感がとても低かったこともあり、ポジティブなことが何も浮かばず、うんうんとうなりながら絞り出していました。

「今日も息ができた」「娘におはよう、と言えた」「家に屋根がある」

そんなところからスタートしました。本当に些細なことばかり書いていましたが、2週間も経たないうちに心と体に変化を感じたのを覚えています。

今では、どんなトラブルにも動じない鋼メンタルになりました（笑）。

良い出来事を振り返る習慣は、他者への感謝が生まれ、優しくなれたりもします。すると、相手からの信頼度も上がり、コミュニケーションが円滑に行えるようにもなっていきます。そうした良好なコミュニティの関係は、経済成長にも影響を与えるとされています。

幸福度の高い未来を手に入れたとき、それまでの悲しくつらい過去は、自分を縛りつける重い足かせなどではなく、今日のベストな自分になるために必要な出来事だったのだ、と感じることができるでしょう。

スリーグッドシングスを行うことは、日々の満足度がアップし、抑うつ度を減少させることも分かっています。

気分の落ち込みや後ろ向きな思考が減り、心も楽に穏やかになり、自然と意欲が湧いてきます。何事をも怖がらず、果敢に挑戦できる体質に変わっていくので、人生も好転しやすくなるでしょう。

5 制限ではなく解放する未来

さて、ここまでは、感情から読み解く、脳や体の仕組みについて話をしてきました。

難しいことも、複雑なこともありません。とてもシンプルで、案外自由なものだ、ということが伝わっていたら嬉しく思います。

人の幸せは、環境や運命が左右しているのではなく、人が人たる所以《ゆえん》である「脳」をうまく使って自分で決められるものです。

毎日笑顔で過ごしていれば、自然と楽しい気持ちが湧いてきます。これは、笑顔に「エンドルフィン」という多幸感をもたらすホルモンを放出する効果があるからです。そしてそれ以上に、笑顔でいることで脳は「楽しい」と認識してくれます。すると、たとえつらい現実に直面していても、現実は楽しい方向に変わり始めるのです。

脳は複雑に見えて、実はとても単純。同じことが何度も繰り返されると、それが事実に反していても、自分の認識とは異なる内容であっても、「そうかもしれない」と自己イメージを上書きします。

脳にとっては、見えているものが「すべて」ではありません。その人自身が事実だと信じたものが、脳にとっての真実となるのです。

ですから、あなたが「変わりたい」と心の底から思うのなら、どんどんポジティブな言葉を浴びてください。ポジティブな言葉で脳を「その気」にさせてしまえば、良い未来を引き寄せることはそう難しくないはずです。

けれど、あなたが変わっていく途中で、邪魔をする人が現れることもあります。否定的な言葉やネガティブな言葉で、あなたの夢や目標を壊そうとするドリームキラーと呼ばれる人たちです。

嫉妬心から足を引っ張る人もいれば、嫌がらせをしたり、否定したりしてくる人もいます。もっとも厄介なのは、良かれと思ってアドバイスをしてくる身近な人です。友人や家族、恋人など、その相手が大切な人であるほど、無下にもできず身動きが取れなくなってしまうのです。

相手の善意の根底に「寂しい」や「置いていかないで」という利己的でネガティブな感情が混じっていると、話がかみ合わないばかりか、お互いを傷付け合う事態にもなりかねません。

誰かの善意が、あなたの可能性を閉ざす発言となる場合もあります。あなたの可能性を他人が推し量ることなどできません。

ですから、

誰のどんな言葉をきいて
誰のどんな言葉から耳を塞ぐか

自分で決めていいのです。

どんなに親しい人の言葉であろうと、それが善意によるものであろうと関係ありません。また、相手が凄い人だとか、権威があるとか、そんなことに惑わされる必要もありません。

その言葉が「自分のなりたい自分」にふさわしいのかどうか、自分で選びましょう。もしふさわしくないのであれば、無視しても問題ありません。

心が健康であれば、体の不調は癒やされパフォーマンスも上がります。現在がどんな状態だとしても、これからもっと良くなっていくと信じ、細胞に語りかけてみてください。

あなたの可能性は、自分で決めつけない限り、どこまでも広がっていきます。いつからでもあなたは、「なりたい自分」「理想の自分」になれるのです。

column

文句が多い人は老化が早い

よく怒る人、愚痴ばかり言う人、何かと文句をつける人の顔って、不幸顔だなと思うことがあります。

どんよりと死んだような目をして、眉間にしわが寄り、ほうれい線も垂れ下がり、頬はこけ、年齢より随分と年上に見える人もいます。たとえるなら、バンパイア。近くにいたらエネルギーを吸い取られそうです。

私が思うに、老化・劣化の原因は、紫外線やストレスだけではなく、愚痴や文句といった毒素を自分でばらまいて、自らがその毒を一番に浴びてしまっていることにあるのです。

負の言葉を口にするときに、心の中に生まれるのはネガティブな感情です。

文句を言うのが楽しい、という人もいますが、これは刺激を得て興奮しているだけで、決してプラスの感情ではありません。

負の感情は「酸化ストレス」を作りだします。酸化ストレスとは、活性酸素が過剰となり、抗酸化物質とのバランスが崩れた状態のこと。細胞や組織を激しく傷付け、繰り返されると細胞修復が追い付かなくなります。その結果、老化が促進されるばかりか、さまざまな疾病リスクを高めるともいわれています。

人はある程度年を重ねると、細胞の生まれ変わりが遅くなっていくものですが、負の感情によってその劣化速度は倍どころか5倍、10倍というスピードで進むことに。なんとも恐ろしい話です。

ちなみに、脳機能における解釈では、文句は他人に言っているようで、実際は自分に向けて言っているのと同じだともいわれます。意識下（顕在意識）では、主語はありますが、無意識下（潜在意識）では主語がなくなるため、「〇〇さんは最悪だ！」という言葉は、「私は最悪だ！」と言っているのと同じことになってしまいます。

つまり他人へ文句を言えば言うほど、自分自身に対して毒を吐いていることになり、自己肯定感を下げてしまうというわけです。すると、さらに文句をつけたいことが増えていき、悪循環が完成します。

文句を口に出さないまでも、いつも不機嫌そうにしている人も同様です。

笑顔は顔の筋肉を最もダイナミックに使う動きといわれています。いわば、一番の筋トレとい

第4章

うことです。けれど、いつも不機嫌な人や無表情な人は、顔の筋肉を使わないため、使わずにだらけた筋肉はどんどん衰えていき、その柔軟性も機能も失われてしまうのだとか。筋肉は伸びるか、逆に縮こまったまま固まってしまい、いずれは重力に負けてしまう未来が見えます。

「負の言葉」が、老化や劣化の原因となっているかもしれません。

あなたは普段、どんな言葉を使っていますか？

第5章

正しい呼吸で自分の可能性を最大化させる

1 心と体の健康は呼吸から作られる

人は食べなくても数週間は生きていられますが、水がなければ数日しかもちません。もし空気がなかったら、たったの数分しか生きられないといいます。

生きるために欠かせないという点では空気がトップ。次いで水、最後が食べ物となります。けれど、健康やダイエットを考えるとき、水や食べ物へのアプローチはしても、空気つまり「呼吸」へのアプローチに積極的に取り組む例はあまり聞きません。

とはいえ、呼吸は、「心と体」のどちらにも密接に関わっています。

血流と酸素の運搬を担い、交感神経と副交感神経にダイレクトに作用。自律神経とホルモンのコントロールにも大きな影響を与えています。

自律神経は無意識のホメオスタシス（生体恒常性＝体内の状態を一定に保つこと）の支配下にありますが、運動神経の支配下にも置かれているため、呼吸を扱うことで、自分の意思で自律神経のコントロールをすることも可能となります。

しかし現代人は、あまり呼吸がうまくありません。プロのアスリートですら、呼吸法を正しく使えていないことが多いといいます。間違った呼吸により、血液中に酸素が十分行き渡らないために、体にとっての酸化ストレスを無駄に増やし、細胞が傷付いて正常な働きができなくなることで、自らに大きなダメージを与えてしまうのです（図5－1）。

生まれたばかりの赤ちゃんはみな、鼻呼吸をしています。かつては大人になっても鼻呼吸をしていました。人類の歴史の中ではずっと、鼻は呼吸のためにあり、口は食べるためにあるもの。人が本来口呼吸になるのは、「命の危険」が迫ったときだけといわれており、体を激しく動かすことに備えて、口呼吸で息を大量に吸いこむのだそうです。

つまり、口呼吸をすることは、交感神経の働きを優位にさせるため、脳がストレスを感じて戦闘態勢になっているともいえます。

ところが、今、多くの人が慢性的に口呼吸をしているといわれています。それはつま

第5章

図5－1

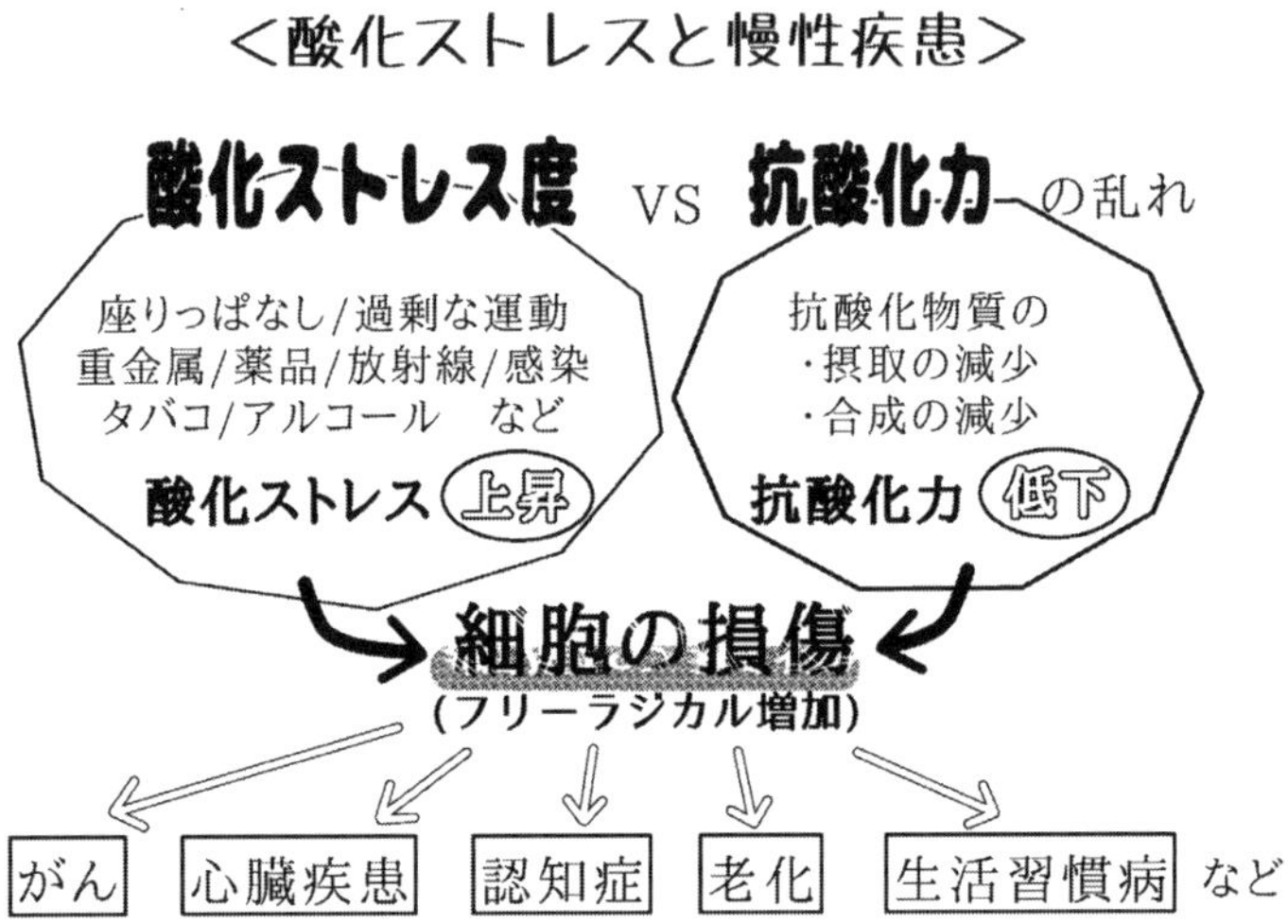
<酸化ストレスと慢性疾患>
酸化ストレス度 VS 抗酸化力 の乱れ
座りっぱなし/過剰な運動
重金属/薬品/放射線/感染
タバコ/アルコール　など
酸化ストレス 上昇
抗酸化物質の
・摂取の減少
・合成の減少
抗酸化力 低下
細胞の損傷
(フリーラジカル増加)
がん
心臓疾患
認知症
老化
生活習慣病
など

り、現代人は常にストレスにさらされ、戦闘モードにあるということです。

昔と比べて、体力や集中力が低く、気分の浮き沈みが大きい現代人を取り巻く環境や問題をすぐに解決するのは難しいでしょう。けれど、呼吸ならば、自分で意識をすればすぐに変えることができます。この「自分で変えられる」という経験こそ、重要なのです。

では、「正しい呼吸」とはなんでしょうか？

答えは、酸素を細胞の隅々にまで届け、不要な二酸化炭素を排出することです。

こういうと、深呼吸してたくさん空気を取り込めばよい、と勘違いする人も多いようです。深呼吸はリラックスするという意味では有効ですが、酸素を取り込むことを目的とするなら、正しい方法とはいえません。

生理学者のクリスティアン・ボーアによると、空気の量をいくら増やしても、あることを見逃してしまうと、酸素が細胞には届かずに呼気として吐き出されてしまうことがあるからです。この場合、呼吸をすればするほど体内から酸素は減っていくことになります。

それはなぜなのでしょうか？

細胞が酸素を取り込むためには、体内に適量の二酸化炭素が残っている必要があります。呼吸で肺に入った酸素は、血中のヘモグロビンと結合して組織や臓器に運ばれますが、そのとき、体内に一定量の二酸化炭素が存在しないと、ヘモグロビンは酸素を放出できないので、必要な組織や臓器に酸素が供給されなくなるのです。これを「ボーア効果」といいます。

ストレスにさらされることで無意識のうちに戦闘態勢になっている現代人は、「口呼吸」と「浅く速い」呼吸になりがちなため、体内の二酸化炭素濃度が薄くなってしまいます。若くても少し歩いただけで「はぁはぁ」と息切れして苦しくなってしまう人が増えていますが、これは、息を吸っても酸素がうまく取り込めていないためなのです。

正しい呼吸ができていると、走ったり踊ったり、運動をしているときでも、鼻呼吸で十分な酸素が取り込めるので、パフォーマンスを最大限に発揮することができます（図5－2）。呼吸とパフォーマンス（運動）の関係については、この後の第2項で詳しくご説明します。

図5－2

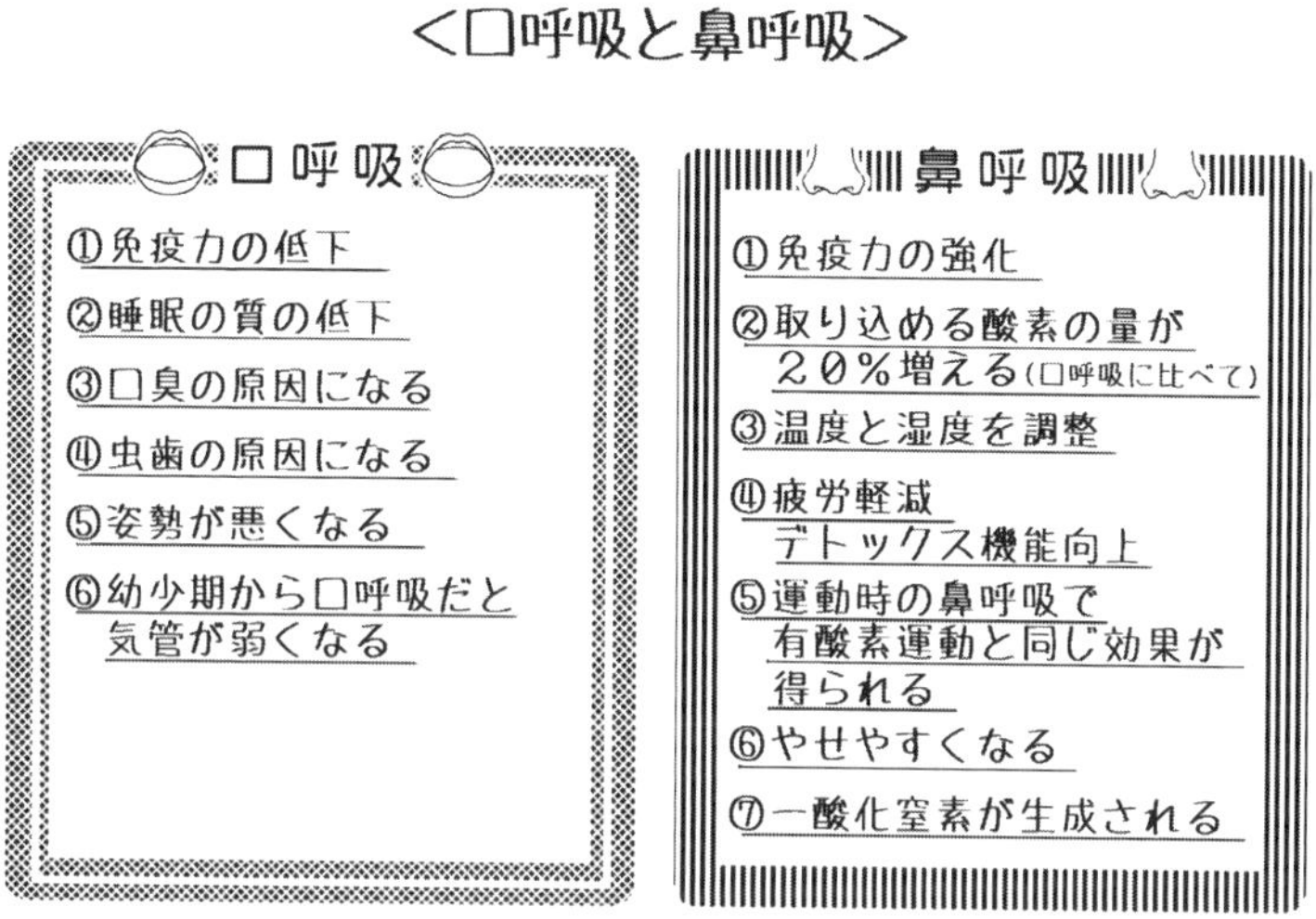
<口呼吸と鼻呼吸>
口呼吸
①免疫力の低下
②睡眠の質の低下
③口臭の原因になる
④虫歯の原因になる
⑤姿勢が悪くなる
⑥幼少期から口呼吸だと気管が弱くなる
鼻呼吸
①免疫力の強化
②取り込める酸素の量が２０％増える(口呼吸に比べて)
③温度と湿度を調整
④疲労軽減
デトックス機能向上
⑤運動時の鼻呼吸で有酸素運動と同じ効果が得られる
⑥やせやすくなる
⑦一酸化窒素が生成される

他にも、呼吸法により高地トレーニングと同じ効果を生むこともできます。これは運動をする人だけではなく、ダイエットや脳機能、また心臓などの臓器の健康維持にも大きなメリットがあります。

パトリック・マキューンの著書『トップアスリートが実践　人生が変わる最高の呼吸法』（かんき出版、2017年）では、次のような見解が示されています。

1957年以来、標高の高い場所にいる動物は体重が軽くなる、との研究結果があります。ネパールの少数民族シェルパなど標高の高い土地に暮らす人々は、低い土地に暮らす人々に比べて、痩せているという傾向も確認されています。

血中酸素飽和度をやや下げると体重は減り、血糖値と血中コレステロールも下がります。こうした高地で得られるメリットと同じ効果を、低地で得ることができるのが「正しい呼吸法」なのです。

健康になりたいのなら、「呼吸のし過ぎ」をやめること。それには、まず口呼吸をやめ、本来の呼吸である「鼻呼吸」に戻していくことが大切です。

2 呼吸の仕方でミトコンドリアは活性化される!?

体を動かすにはエネルギーが必要です。

しかし、食べ物を食べただけでは、体はまだ栄養素を利用することはできません。まず、口から入った食べ物を消化、吸収、代謝をして「ATP（アデノシン三リン酸）」という物質を作り、それを分解することでエネルギーとして使えるようになるのです。

つまり、食べ物をエネルギーとして使える形（＝ATP）へ変換する際に、変換を担っているのが、「無酸素性エネルギー代謝（解糖系）」と「有酸素性エネルギー代謝（ミトコンドリア系）」と呼ばれる2つのエネルギー産生回路です。

このうち、ミトコンドリア回路を担っているミトコンドリア※5の数や活性の有無により、病気や老化が左右されることが明らかとなっています（Harman D：Aging: a theory based on free radical and ra- diation chemistry. J Gerontol 1956; 11: 298—

※5　ミトコンドリア—— 細胞小器官の一つで、細胞のエネルギー生産の場。

300.)。最近では、ミトコンドリアを活用した長寿の研究も盛んに行われています。

であれば、「ミトコンドリアを増やして元気になりたい！」と誰もが考えることでしょう。それには運動が有効だ、という説があります、しかし、間違った呼吸法で運動をしていれば、せっかくの努力は逆効果となってしまうかもしれません。

アスリートの平均寿命が短くなる傾向にあるという調査結果もあります。それはなぜでしょうか？ また、激しい運動をすると酸化ストレスが増加して老化が早まったり、心臓病や認知症のリスクが高まるというのは本当でしょうか？

どのような状況だと運動が害になるのでしょう。健康を害することなく、運動の利点だけを享受するにはどうすればいいでしょうか？

医師の大石修司らの総説によると、答えは運動時の体への「負荷（＝酸化ストレス）をコントロール」することです。

体の酸化反応が強くなり過ぎると、「フリーラジカル」という物質が過剰に発生します。

通常の呼吸をしているだけでも発生しますが、正常な量であれば問題はありません（図5-3）。

しかし増えすぎてしまうと、本来、体に備わっている防御システムでは対処しきれなくなり、細胞がダメージを受けて病気や老化の原因となるのです。

ミトコンドリアは、人間の体の赤血球を除くすべての細胞に存在し、その数は細胞一つあたりに100〜2000個ほど。このミトコンドリアが機能しなくなると、ATPの産生が激減してたちまちエネルギー不足に陥ってしまいます。特に、ミトコンドリアの多い脳や心臓などはその影響を受けやすいといわれています。

運動をすると呼吸が増えて代謝が活発となり、いつもより多くのフリーラジカルが作られます。フリーラジカルの量と抗酸化作用（活性酸素から体を守ること）のバランスが崩れると、筋肉が弱まり、疲れやオーバートレーニングの症状が出ます。

これらを解消するために、アスリートは定期的に大量の抗酸化物質を摂取しますが、これが良い結果に繋がるとは限らないのだそうです。詳しい研究によれば、酸化ストレスと運動による筋肉の損傷リスクを軽減する方法としては、悪い結果となる場合もあるようです。

その点、呼吸法であれば、リスクは何もありませんし、お金さえかかりません。健康な人はもちろん、病気の人でも、それこそケガをしている人から子どもまで、誰でも今日から行うことができます。これにトライしてみない手はないでしょう。

空気の21％は酸素で、その酸素の90％が細胞のミトコンドリア内で使われている、とするデータがあります。

それに基づけば、数々の酵素反応で発生するものも入れると、最低でも取り込んだ酸素の0・1～2％の活性酸素の発生は避けられません。しかし、この程度であればむしろ、感染症を防いだり、ガン細胞を殺したりするなど、体を守る作用にとってはメリットも。また、遺伝子発現の調節やプロスタグランジン※6の合成などの生体反応にも活性酸素が関わっているため、生きる上で必要なものです。

※6　プロスタグランジン――人体の多くの組織や器官に存在し、さまざまな役割を担っている重要な生理活性物質（ホルモン）。

図5－3

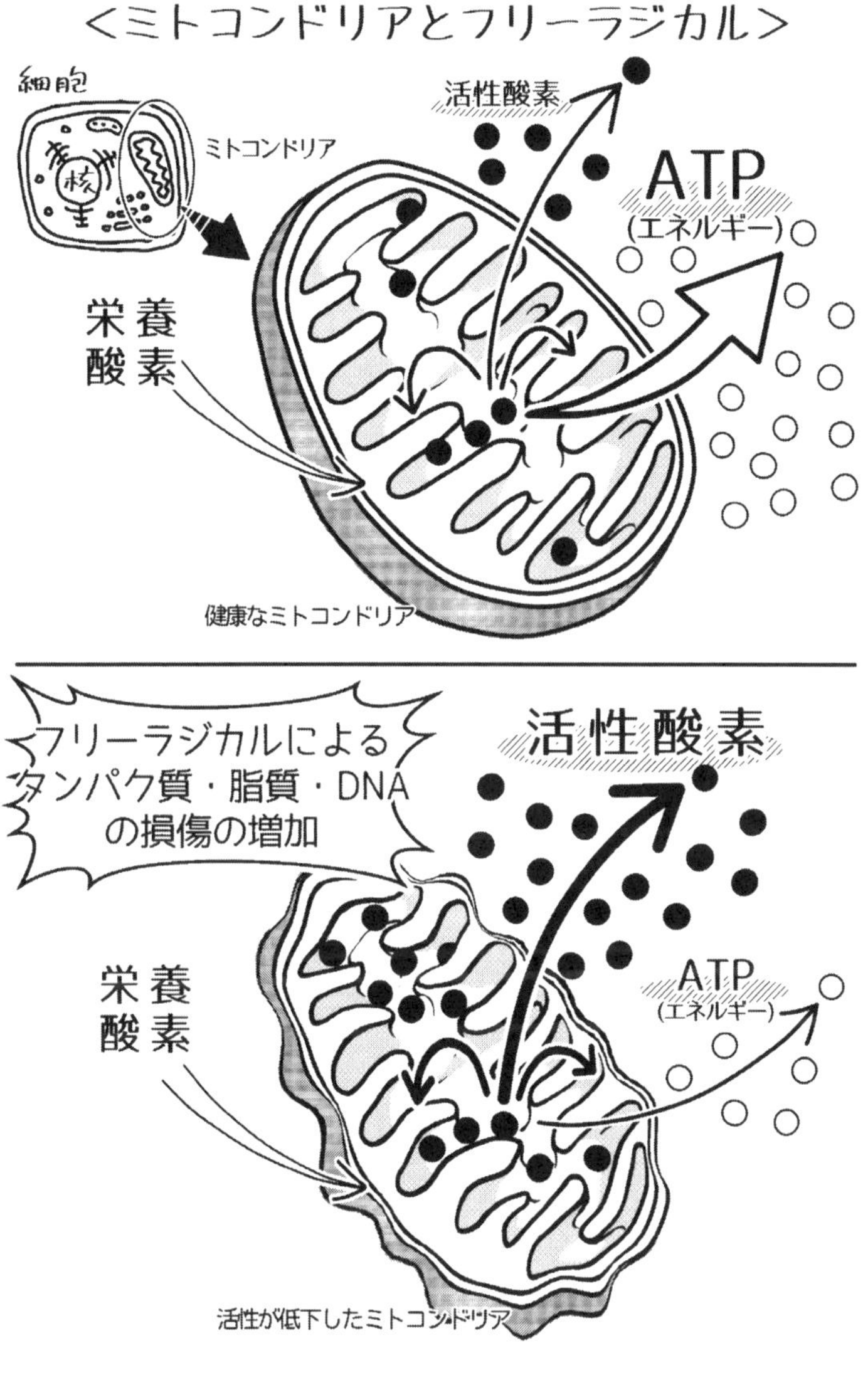

＜ミトコンドリアとフリーラジカル＞
細胞
核
ミトコンドリア
活性酸素
ATP
(エネルギー)
栄養
酸素
健康なミトコンドリア
フリーラジカルによる
タンパク質・脂質・DNA
の損傷の増加
活性酸素
ATP
(エネルギー)
栄養
酸素
活性が低下したミトコンドリア

3 見た目年齢と体内年齢は呼吸で決まる

寿命というのは臓器がダメになるもの、と考えている方も多いでしょう。

実際は、炎症により血管が傷付いて破れたり細くなったり、内壁にコレステロールが溜まったりすることで血流が悪くなると、必要な酸素と栄養を届けることができなくなり、臓器の機能が低下していくという順番。寿命や健康の鍵を握っているのは血管なのです。

ですから、血管を若く保ち、組織や臓器が健康であれば、肌や髪の毛にもきちんと栄養が行きわたるようになり、見た目も若々しくいられます。

呼吸を減らし、細胞の酸素の摂取量が増えると、血液は浄化されて多くのメリットが得られます。ポイントとなるのは二酸化炭素です。

二酸化炭素には、血中の酸素が体内で利用できるようになることを促す他に、血液の

図5－4

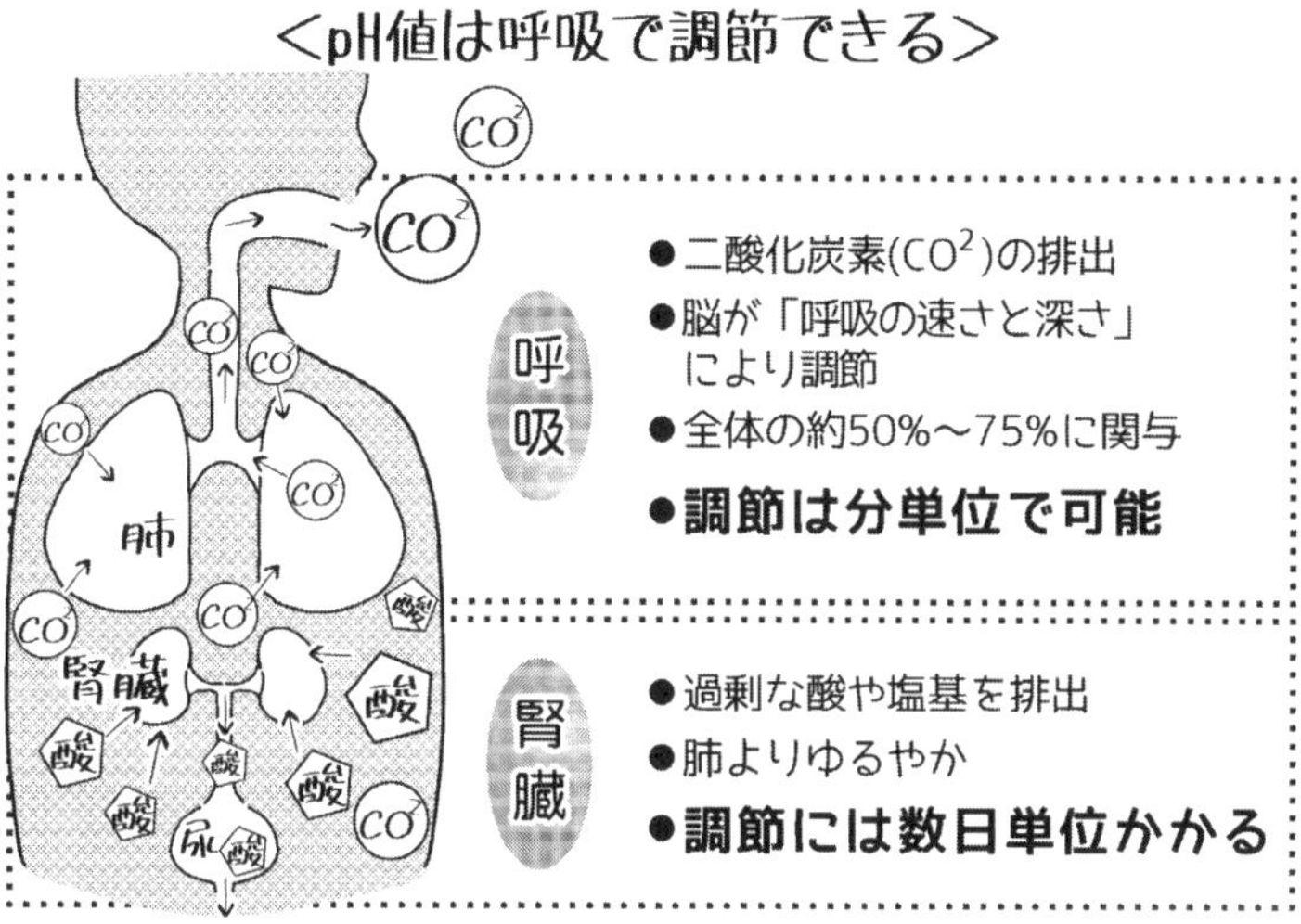
＜pH値は呼吸で調節できる＞
呼吸
●二酸化炭素(CO^2)の排出
●脳が「呼吸の速さと深さ」により調節
●全体の約50%～75%に関与
●調節は分単位で可能
腎臓
●過剰な酸や塩基を排出
●肺よりゆるやか
●調節には数日単位かかる
肺
腎臓
尿
酸
CO^2

酸性度（pH値）を調節するという役割もあります（井出利憲［広島大学教授・薬学博士］、1992年、「人のからだのなかの炭酸ガス」／図5－4）。

体は酸性に傾くと、免疫力が低下して疲労感や脱力感、冷えなどといった症状を感じ、さまざまな病気を引き起こす可能性があります。

体の酸性度は【7・4±0・05】といったごく狭い範囲が正常値とされています（図5－5）。この範囲から少し外れただけでも、多くの臓器に負担がかかることになるため、調整は厳密に行われます。酸性が強くなったり、アルカリ性が強くなった場合には、命の危険がある場合も。血液のpH値は臓器や代謝と直接的に関係するのです。

つまり、二酸化炭素のコントロール、すなわち呼吸をコントロールすることは、健康状態を決める大事な要素になってくるといえます。

そして、「暴飲暴食をしてしまう」「なかなか痩せられない」「リバウンドを繰り返してしまう」と悩むダイエッターに朗報です。

図5－5

<酸性とアルカリ性と体>

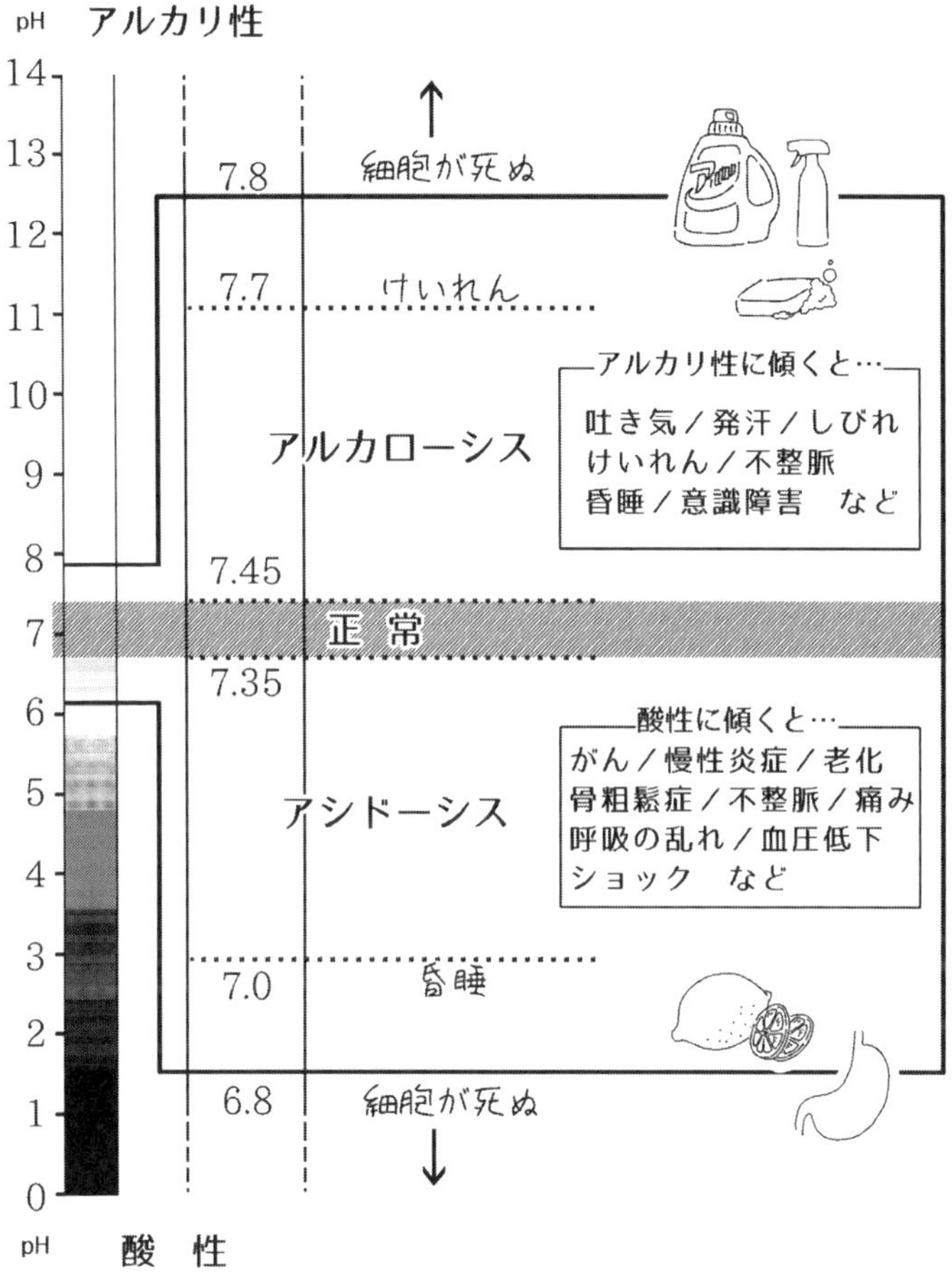

実は、ダイエットに呼吸法を取り入れると、寝ている間に痩せることも可能です。少し大げさに聞こえるかもしれませんが、体のメカニズムを理解すれば、これが妄想とは言い切れないことが分かると思います。

一般的に、減量のためにとられる方法には、食事制限と運動があります。頑張った結果、何とか痩せたとしても、そのうちどこかで感情が爆発するかもしれません。人間が長期間に渡り我慢をし続けるのは、自然なことではないからです。

だから、減量できない自分を責めても意味はありません。それよりも、「なぜダイエットが成功しないのか？」の理由を考えていくと、答えは自ずと見えてきます。

なぜ余分に食べてしまうのか？　なぜ体に悪いものを欲するのか？

これらはストレスにより呼吸が浅く早くなり、体内の二酸化炭素が減ったことからpH値の乱れを補おうとしている証拠です。そのため、加工食品や乳製品、パン、砂糖など、体を酸化させるものを体が欲してしまうといわれています。

酸性の食べ物を食べることで、呼吸量はより増加し、逆に二酸化炭素は減ってしまいます。そして、呼吸の乱れ、血糖値や血圧の不安定のほか、膨満感や倦怠感、睡眠の質の悪化などから体重が増加する、という負のスパイラルに陥ります。

余分な脂肪が多い人は、呼吸が荒くなる傾向があるため、慢性的な呼吸過多に陥っている可能性も。どこかでそれを断ち切ることが重要になります。

体からの声に真剣に耳を傾け、きちんと読み取ると、必要なものを欲する一方で、不要なものは欲しくなくなります。本来、人間は自分の体にとって栄養となるもの、毒となるものを分かっているからです。

退屈やストレスを解消するために食べるのではなく、本当の空腹を感じたときだけに反応する。そうした本来の姿に立ち返れば、体重の増加に悩むことなく、理想の状態をキープできるようになります。

4 運動いらずの超簡単体幹トレーニング

ここまでお話ししてきたように、二酸化炭素をコントロールし、血液の酸素運搬能力が向上すると、併せて、健康状態や運動パフォーマンスも向上します。さらにはケガのリスクが下がるなど、良いことずくめです。

では既にあまり状態が良くない人は、そのメリットを享受できないのでしょうか？もちろん、そんなことはありません。

呼吸法は、子どもでもケガをしている人でもできる、とお伝えしました。意識があり、自発呼吸ができる人ならば、たとえ寝たきりであったとしても、健康状態やパフォーマンスを上げることは可能なのです。

年を重ねるほどに、肉体の健康状態を左右していくのは「筋肉」です。そう言うと「筋肉なんて寝たきりの人はトレーニングできないじゃないか」と疑問を抱く人もいるでしょう。けれど、それができるようになるのです。

ポイントは「質の良い筋肉に変えること」「呼吸を丁寧にすること」。

体の重要な臓器は、おおよそが胴体にあります。その中で生命機能の向上と密接に関わってくるのが「体幹」の筋肉と骨格。体の内側の筋肉なので「インナーマッスル」ともいいます。

インナーマッスルの主役は、「横隔膜」「腹横筋」「多裂筋」「骨盤底筋群」。この中の横隔膜を使った呼吸ができているかどうかがポイントになります（図5－6）。

これらの呼吸筋群を使った呼吸は、体の土台となる背骨と骨盤を自在に動かすことにもなるため、呼吸をすること自体がインナーマッスルを鍛え、体幹を蘇らせるもっとも簡単な方法でもあります。

肺それ自体は風船のようなもので、自ら膨らんだり縮んだりはできません。動きを助けてくれる存在が必要で、筋肉がその役目を担っています。このときに正しい呼吸がで

図5－6

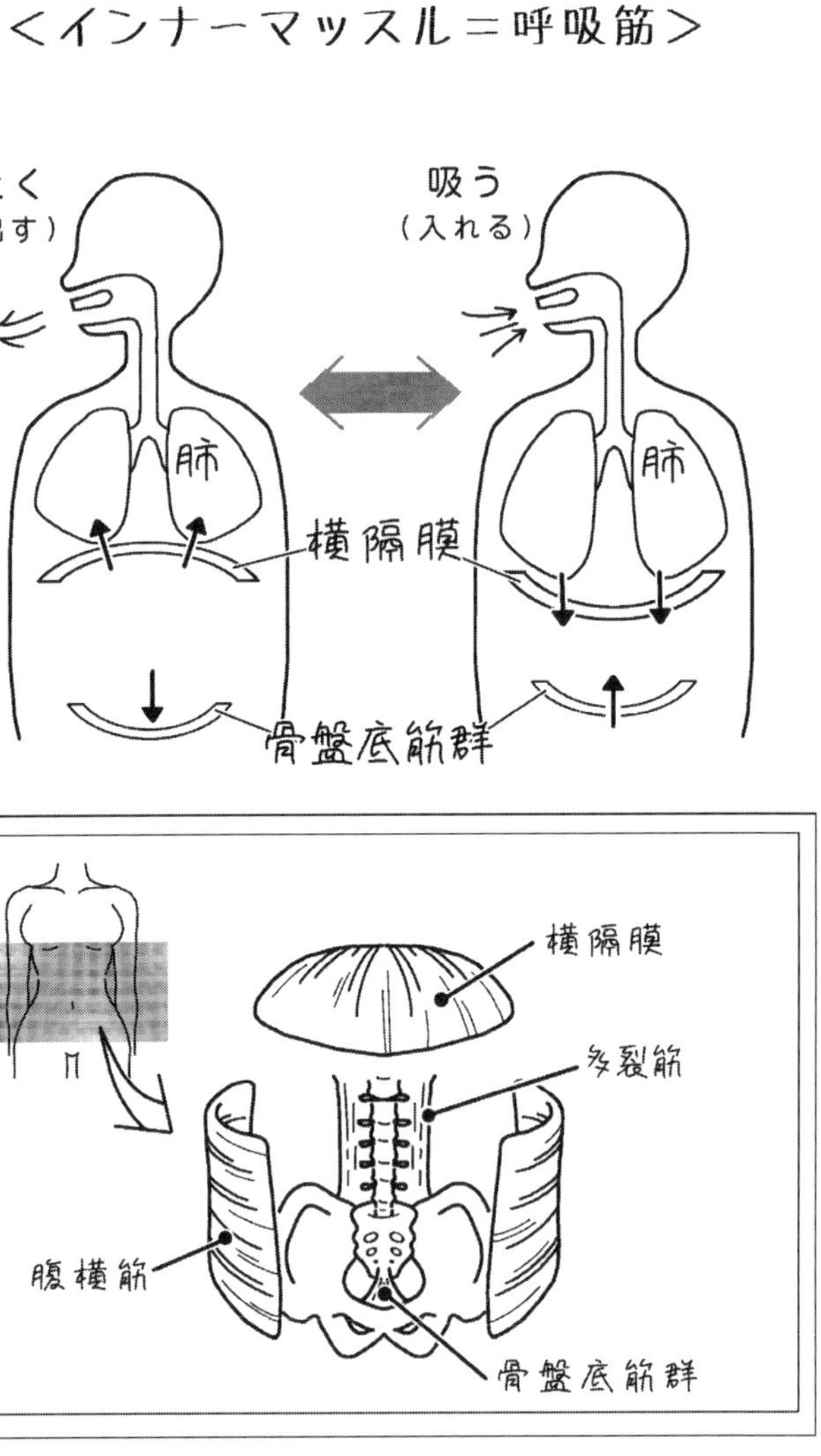

きていると、筋肉が適切に鍛えられ、その機能を最大化することができます。

一方、ストレスや緊張にさらされ、交感神経が優位になって浅く速い呼吸になると、インナーマッスルを使う機会は奪われてしまいます。そうして使われなくなった筋肉がどんどん衰えてしまうのは当然のこと。インナーマッスルを若々しく保つためにも、呼吸はとても大切なのです。

また体内で作られる一酸化窒素を活用し、血管を若返らせることも「質の良い筋肉」を作ることに繋がります（図5－7）。

一酸化窒素は、古くから大気汚染の原因物質として知られているため、あまり印象がよくありません。けれど、体内では一酸化窒素がさまざまな生理機構を担い、健康や寿命に大きく影響していることが分かっています。

1998年にノーベル生理学・医学賞を受賞したルイス・イグナロ博士は著書『NO（一酸化窒素）でアンチエイジング』（日経BPコンサルティング、2007年）で、「一酸化窒素は人体に備わった防御機構であり、循環器系の病気をすべて防いでくれる」と言いました。

図5－7

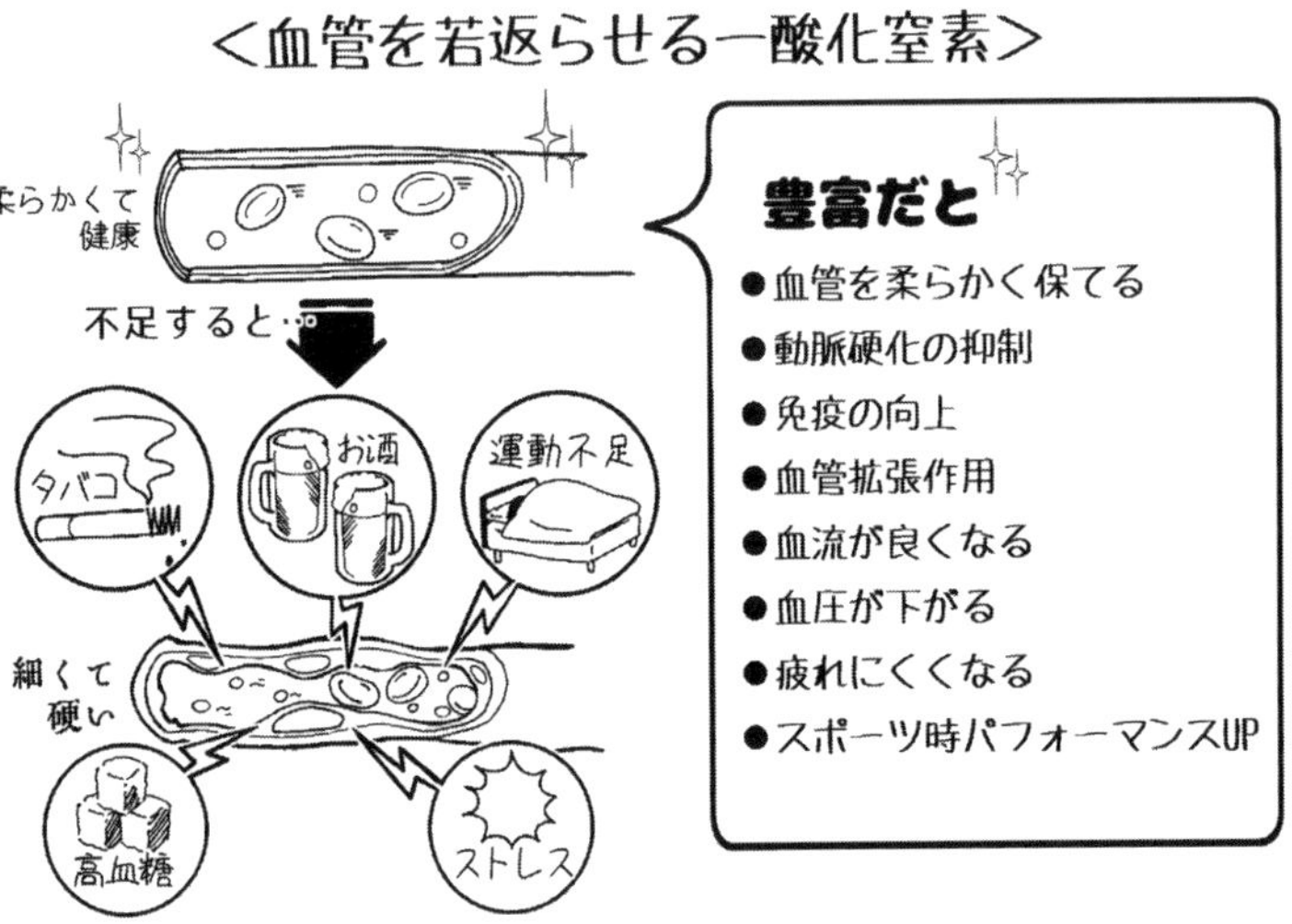
＜血管を若返らせる一酸化窒素＞
柔らかくて
健康
不足すると…
タバコ
お酒
運動不足
細くて
硬い
高血糖
ストレス
豊富だと
●血管を柔らかく保てる
●動脈硬化の抑制
●免疫の向上
●血管拡張作用
●血流が良くなる
●血圧が下がる
●疲れにくくなる
●スポーツ時パフォーマンスUP

その言葉の通り、一酸化窒素は心臓へのアプローチもできるのです。いわば、もともと備わっている長寿や若返り機能ともいえます。

不調を感じたとき、すぐにサプリや点滴に頼るのではなく、一酸化窒素を活用してみるのはいかがでしょうか？

時間に余裕があり運動が好きな人には、中程度の運動が効果的です。時間がなかなかとれない人や、運動は苦手だという人は、「鼻呼吸」をするだけでも運動と同等の十分な効果が得られます（図5－8）。

さらに上級のトレーニングがしたい方の場合は、次のステップとして「息を吐き切る」練習をしていきます。ただしこれは、まず正しい呼吸ができていることが最低条件です。「ふぅ～」と長く息を吐いていくと、お腹がプルプルしてきます。実際に試してみると分かりますが、吐き切るという動作は、思った以上に筋肉を使わないとできない動きなのです。

呼吸器系の疾患がある方は、無理せずゆっくりと行ってください。1回で完成させる必要はなく、少しずつでも続けることで、確実に変化を感じられるはずです。

図5－8

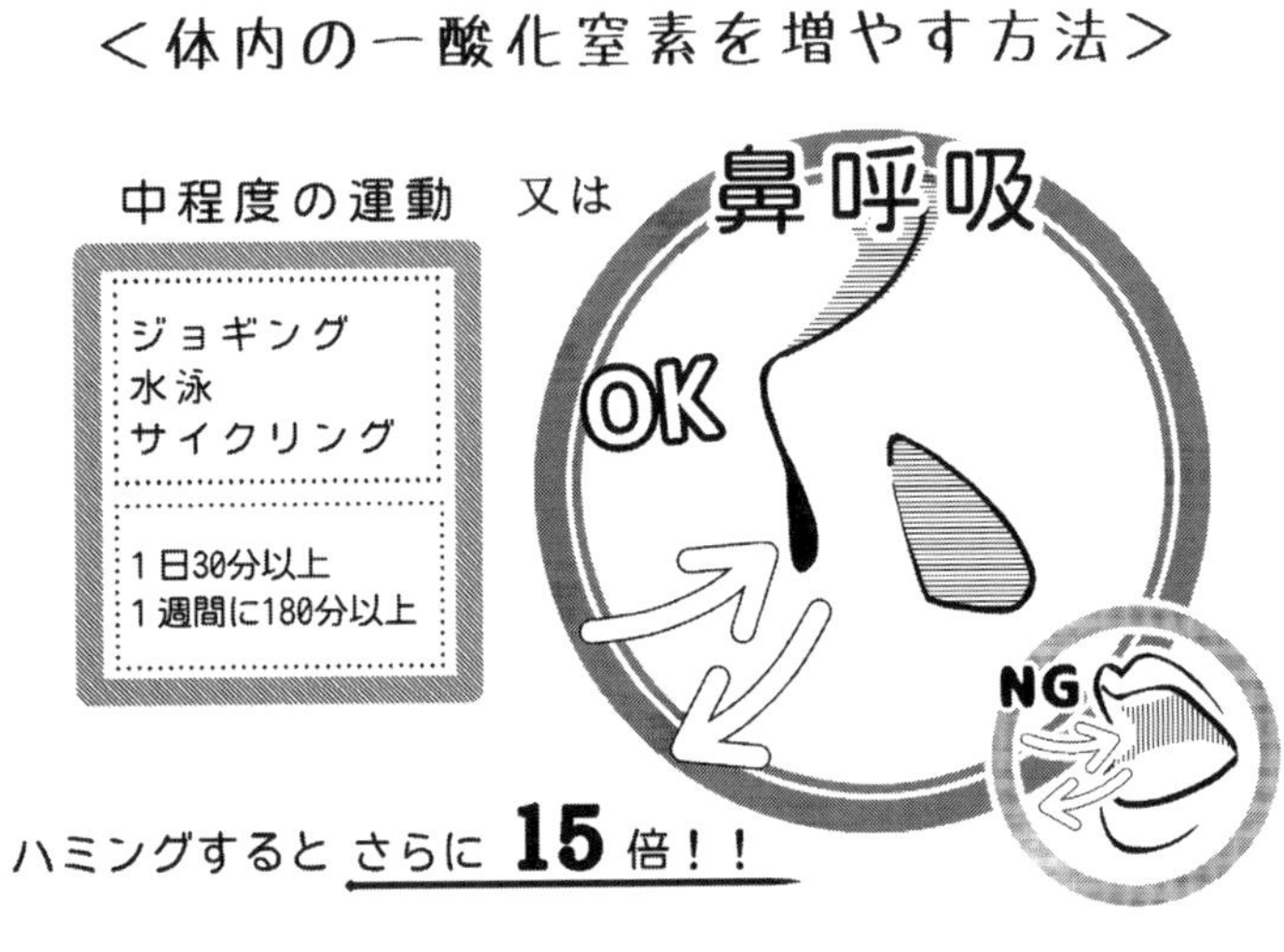
＜体内の一酸化窒素を増やす方法＞
中程度の運動　又は
鼻呼吸
ジョギング
水泳
サイクリング
1日30分以上
1週間に180分以上
OK
NG
ハミングすると さらに 15 倍！！

5 正しい呼吸がもたらすリバースエイジングの未来

水は3日くらい飲まなくてもなんとか耐えられますが、空気がなければわずか数分で死に至ります。

なぜなら、空気中の酸素は体内にためておくことができませんし、酸素がないと生きるためのエネルギーを作れなくなるからです。

特に、酸素を多く消費する脳では影響が大きく、酸素がなくなると2〜3分で再起不能なレベルのダメージを負うのだそうです。

間違った呼吸法を繰り返していると、脳の酸素不足が懸念されます。すると、脳の血流が悪くなり、記憶力や集中力が低下する場合も。さらに、頭痛などの不調や、将来的には物忘れや認知症などに繋がってしまうかもしれません。

若々しさを決めるのは筋肉、という話もしましたが、心臓も筋肉なので、正常に働くためには十分な血流と酸素が必要です。

血中の二酸化炭素が少なくなると、赤血球が酸素を手放さなくなるので、心臓に酸素は行きわたらなくなります。

そうした場合は、呼吸を正常なレベルまで減らすと、血中の二酸化炭素が増えて血行がよくなり、酸素が体中に行きわたるようになります。結果、心臓も正常に機能できるようになるでしょう。

呼吸と心臓の関係を知りたい場合は、こんなテストをしてみてください。

まず自分の脈をとり、それから5回か6回、速いペースで大きく口呼吸をします。すると数秒のうちに心拍数が上がるのが分かります。その後、今度はゆっくりした鼻呼吸に切り替えると、心拍数はすぐに下がります。

呼吸の量と速さは、心拍数にこれほど大きな影響を与えます。もし間違った呼吸法が日常的になっていたとしたら、心臓の健康に甚大な影響を及ぼすことは想像にかたくないでしょう。

日本において死因のワースト2は心疾患です。

心筋梗塞や心臓発作は、心臓への血流が著しく減少したか、またはまったく血流が行かなくなったときに起こります。

血流が回らないので酸素が不足し、心臓の筋肉の一部が損傷を受ける、または死滅してしまうのです。

心臓発作が起こりやすい場面としては、運動中や運動後、そして、心理的ストレスがあったときが多いようです。どれも「呼吸の量が増える」状況にあり、呼吸が代謝に必要な量を上回ると、肺と血液から二酸化炭素がなくなり、血流が減って心臓に運ばれる酸素もまた減少します。

つまり、呼吸量が多すぎると、心臓の酸素が減り、心臓発作や慢性的な心臓病に繋がる危険があります。十分に酸素が行きわたっていない心臓は、激しい運動に耐えることができません。

慢性的に口呼吸をしている人は、体の姿勢にも影響を与え、筋力が弱まり猫背になり、呼吸はさらに阻害されていきます。健康状態は優れず、エネルギーも低く、集中力も低下するため、日常の些細なことでミスをしたりと、持っている能力が十分に発揮できません。

もし子どもの頃から口呼吸になっている場合には、気道が塞がれて夜によく眠れないという症状も。また、発育も阻害されて学業に影響が及ぶこともあり、ADD（ADHDの以前に使用されていた診断名）やADHDと間違って診断されることも多いそうです。

呼吸が正しくできていない人がそのまま年を重ねると、腰が曲がり肩が丸まって前かがみの姿勢になっていく傾向にあります。それにより、肺がつぶされていき、吸おうとしても十分な量を吸えなくなってしまうことも、健康状態が悪化していく要因の一つとなります。

正しい呼吸をしていれば、横隔膜をきちんと使うことができ、体幹の筋肉が効率的に鍛えられます。自然に背筋は伸びて、肺をしっかり広げることができるようになり、自然に理想的な呼吸が習慣化。すると、頭がスッキリして記憶力や集中力も高まっていきます。

いつまでも若々しく素敵に年を重ねるためにも、〝口呼吸〟から〝鼻呼吸〟に変え、呼吸量を減らすことで血流を良くし、豊富な酸素を組織や臓器に届けましょう。

今のあなたは、まだ、生まれ持った自分の能力に気付いていないだけかもしれません。本当はもっと軽やかに、シンプルに、多くのことを達成できる力を持って生まれてきたはずです。

その可能性を知らないまま、固い殻に閉じこもって生きていくのは、もったいないと思いませんか？

呼吸なら、今すぐ取りかかることができます。

ここまでお話ししてきたすべてのステップに取り組むのも大賛成。けれど、まずは手っ取り早く効果を最大限にしたい。もしくは、全部はできないからどれか一つ、始めてみよう。

そんな方は、ぜひ「呼吸法」から始めてみてください。

あなたの中の細胞が生まれ変わり、まったく新しいあなたに出会うことができるでしょう。

column

現代人は息をしていない!?

突然ですが、みなさんは毎日、息をしてますか？

「あたりまえじゃん！」「息をしなきゃ死んじゃうよ」

そんな声が聞こえてきそうです。

はい、その通りです。先ほどもお話ししたように、息ができないと人は数分で命を落としてしまいます。

ですが、現代人はほぼ「息をしていません」。それは姿勢を見ればすぐに分かります。街で見かける人、すれ違う人を思い出してください。ほとんどの人が背中を丸めていませんか？　首が前に出てはいませんか？

これでは、いくら一生懸命に息を吸ったところで、息ができていないのと一緒です。

多少の「空気」は入ってきますが、体に取り込む酸素量が不足してしまうのです。

第5章

酸素がなければ細胞は働けず、生きるためのエネルギーを作ってくれているミトコンドリアも機能しません。これでは臓器や組織が瀕死状態になるのも当たり前。体に不調が出るのも当然なのです。

不定愁訴（なんとなく体調が悪い状態）や慢性疾患など、現代病といわれる不調のほとんどに、食べ物と呼吸が関わっています。けれど、なぜかこの2点に向き合わず、薬や手術、無理な食事制限やサプリに頼っている人の何と多いことでしょう。

お金も時間もかけて体に無理させるより、栄養と酸素を体中に届けてあげてください。

そしてもう一つ、筋肉にも注目を。

生活が便利になり、人は座ったままで過ごす時間が増えました。それはすなわち、体幹の筋肉を使わなくなったということ。自分で自分の体をまっすぐに保てないから、段々と背中が丸まっていくのです。

また、スマホやパソコンなど近くの物ばかり見ているので、首は下を見る動作しかせず、上を見上げることはほとんどなくなりました。そのため、首の前側は縮みっぱなし。逆に後ろは伸びたままと、偏った筋肉になりがちです。こんな間違った体の使い方を続けていると、筋肉だけでなく、やがては骨も歪んでいきます。

これらを裏付けるように、ストレートネック（スマホ首）と診断される人が増えています。ようは首が前に出て、落ちてしまっている状態です、すると、顔は肥大しやすく、たるみやシワも気になるように。そうなったら、あなたは美容整形に頼りますか？　それでは解決にならないと、もうあなたは分かっていますね？

私は以前、フリーダイビングのトレーニングで横隔膜を使った呼吸を初めて行ったときに、とにかく驚きました。

「息って、こんなに吸えるものなの？」と。

そして、分かったのです。

「今までの私、ぜんぜん息をしてなかった！」と。

まともに酸素を吸えていないのに、細胞に「ちゃんと機能してよ！」なんて酷な話です。ガソリンの入っていない車は動きません。無理に動かしたところでエンストしてしまいます。

健康や美容も根底は一緒です。ガソリンを満タンにして、出発進行！　です。

さあ、息をしましょう！

第6章

事例公開！「私トリセツ」で生まれ変わった人たち

Case 1

食べ放題に行きながら半年で8kgダイエット

Aさん・40代・主婦

過去に無理なダイエットで体重の増減を繰り返し、30代半ばには「人より食べないのに、人より太っている」という状態になってしまったAさん。

某有名エステサロンに通っていたこともあるそうですが、一時的には痩せるものの、食事制限を戻せば結局リバウンドしてしまうといういたちごっこで、半分諦めかけていた状態でした。

けれど、いくつになってもずっとキレイでいたいのが女性です。

ママ友の集まりで「子育てで忙しいのは同じはずなのに、みんなはキレイにしている。私だけどうして……?」「好きな服が着られなくて、いつもダボっとした服ばかり」「おいしいもの食べても、罪悪感があって素直に楽しめない」と、ご褒美のはずのおやつタイムさえ、ストレスとなる始末で、とても辛そうでした。

プログラムスタート時は83kg。特に、背中やお尻の重みを感じるたびに大きなショックを受けていたそうです。

痩せたいけれど、痩せられないジレンマ。小さい子どもが2人いて、まだまだ手がかかる時期。いつも明るく元気なママでしたが、育児のストレスもかなり大きく、胃腸の調子も乱れていたので、食事制限はせず、好きなように食べてもらうことに。その代わり、別の角度から代謝やエネルギー状態の安定化をアプローチしていきました。

プログラム実行中も、焼肉やスイーツの食べ放題に行かれていましたが、体重は順調に減り、半年で8kgの減量に成功しました。

背中もスッキリして、お顔も二回り小さくなり、お肌もつやつや。冬になると手放せなかった保湿クリームも「そういえば、この冬は一度も塗ってないです！」というおまけ付きでした。

プログラム終了直後も、クリスマスやお正月などのイベント続きでしたが、「特に制限することなく食べていたけど太りませんでした！」「今は全力で、おいしいものをおいしく食べられるようになれて幸せ過ぎます」「本当にあのとき飛び込んでよかった」と、嬉しいお言葉をいただきました。

そういえば、プログラムを開始して1カ月ほど経った頃、Aさんからクレームを言われたことがあるんです。とても真面目な顔をして「私、今のところ難しいことも辛いこともやっていなくて、何も頑張ってないんですけど、こんなに楽で大丈夫ですか？　本当にこれで結果でるのでしょうか？」と。

そうなんです、こんなに楽して大丈夫なんです！（笑）

思わずお互いに爆笑してしまった、忘れられないエピソードです。

Case 2

不眠・うつ状態からの解放で人生の楽しみ方を知り活発な性格に

Kさん・50代・主婦

20年来、不眠に悩んでいたKさん。コロナ禍でさらに悪化し、睡眠導入剤や抗うつ剤などを処方されていました。けれど、薬が好きではなかったため、他に方法はないのかといろいろな本を読んだり、さまざまな健康や栄養の講座を受けたりしていたそうです。

学んだことをすぐに取り入れ、そのたびに多少落ち着いたかと思えば、また別の不調が現われ、努力とはうらはらに大腸憩室炎や腹膜炎にまでなりかけるなど、腸の調子はあまり改善されないどころか悩みの種が増えていく一方。年齢を重ねた未来に大きな不安を抱えていました。

彼女なりにサプリを摂る、食事に気を付ける、適度な日光浴をする、専門家の指導の下にデトックスをやってみるなど、体に良いといわれるものはとにかく試すなどして実

第6章

践も怠っていませんでした。しかし、目立った効果は感じられず、いつも体は鉛のように重かったといいます。

朝からだるい。布団から出たくない。日中も少しでも早く横になりたい。できれば一日中寝ていたい。

外出先でも具合が悪くなることが怖くて楽しめない。そんな体が少しでも楽になれば、とスタートを切りました。

食事の基礎知識はあったので、その部分のアドバイスより、セッションでのやりとりに重点を置きました。お話ししていく中で、彼女自身にさまざまな気付きがあり、発する言葉が変わり始めると、そのうち体調にも変化が起こりました。

寝付きがよくなり、中途覚醒はなくなり、いつも気を病んでいた身の周りの些細なトラブルもだんだん気にならなくなったそうです。小さな物音や風の動きに敏感で、常にイライラしていた感情もいつの間にか消えていました。

「私、ネガティブな性格がいけないと思っていましたが、考え方が偏っていただけなんですね。ちょっとだけ自信がついてきました。新しい挑戦にもワクワクします。いくつになっても人生は変えられるんですね」

そう言ったお顔は眩しいくらいイキイキと輝いていました。

その後、Kさんから近況を伺ったら、「起業することにしました。大変なこともあると思いますが、やりたい！　と思ったので、まずやってみます！」

笑顔でそう報告をもらい、私もとても嬉しくなりました。

Case 3

肝臓病の一歩手前から3カ月で通院卒業

Hさん・50代・看護師

15年前から健康診断の数値が悪化し始め、中でも肝臓と代謝関連の数値が深刻。そのうち免疫力も落ちていき、2012年には自己免疫性肝炎の疑いを指摘されました。

Hさんはシングルマザーであったことに加え、看護師という仕事柄、忙しく余裕のない日々。本人はこれといった自覚症状を感じていなかったため、そのまま放置してしまったそうです。

しかしコロナ禍もあり、仕事でストレスがMAXになると同時に、数値はさらに悪化したため、やっと重い腰を上げ、食事を変えることにしました。

予防医学の講座を受け、それを実践することで悪化はとりあえず落ち着きました。しかし、まだまだ炎症を示す数値は高く、私が出会った頃は、今すぐにどうにかしなくては！　という心配な状態でした。

彼女は医療従事者であり、さらに予防医学の知識もあったので、食事の大きな変更はせずに、ちょっとしたテコ入れだけさせていただきました。脂質の代謝がうまくできない状態だったため、頑張って摂っていたアブラはお休みにしてもらい、体を整えることから始めました。

また、感情の扱い方が肝臓を傷めるものだったので、寝る前に、本書でも出てくる「スリーグッドシングス」に取り組んでもらいました。すると、半年で体重は74kgから64kgになり、数値もすべて正常値になっていました。

今でもHさんは、看護師の仕事、家業の畑作業、新しく立ち上げた個人事業主と、3足のわらじを履き忙しい毎日を送っています。それでも、疲労感を覚えることはなくなったそうです。

「一番嬉しかった変化はメンタル」だと、Hさんは言います。職場でのイライラや、高齢の両親に対してガミガミ言うことがなくなったのだと。代わりに冗談を言ったり、感謝を伝えたり、周囲にとても優しくなれたそうです。日常の中でも、空や花を眺める余裕を持つことができ、日々が穏やかになったと喜んでくださいました。

第6章

Case 4

嘔吐を伴う原因不明の頭痛がたった1週間で改善

Tさん・40代・会社員

Tさんは、小学5年生から頭痛持ちでした。病院での処方薬も市販の痛み止めもまったく効かず、原因も分からずじまい。苦しむ彼女を心配したご両親は、思いつく手立てをやり尽くしてなお、改善が見られなかったことから、悩んだ末にお祓いに連れていくほどだったそうです。

大人になっても治るどころか、さらに症状は悪化。嘔吐したり、冷や汗が出たり。痛みで起き上がることすらできず、仕事も休みがちに。楽しみにしていたお出かけを泣く泣くキャンセルすることもしょっちゅうで、出産してからは、自分だけではなく小さな子どもを抱えての生活はとにかく不安でいっぱいだったそうです。

仕事は営業で、毎日がストレスフルな日々。いつもお菓子と痛み止めが手放せず、バッグの中には飴とグミと大量の薬が常備されていました。

Tさんにはまず、食事と睡眠のアプローチを行いました。食事といっても、お菓子と痛み止めは、彼女にとっては心のお守りにもなっていたので、それらの除去の指導はせずに他の部分でできることを行いました。というのも、体が整っていくと、本当に必要なもの以外は欲しなくなる日が、自然に来るからです。

そしてプログラム開始から1週間経った頃、「おかしい！ 薬を飲まなくても平気なんです！」と連絡がありました。直後のセッションでは、「食事だけでこんなに変わるの!? 信じられない。今までが嘘みたいに楽なんです。魔法みたい……」と、泣きながら喜んでくださったのが印象的でした。

あれから3年が経ちますが、35年続いた薬と恐怖からすっかり解放されて、自分のペースで仕事に、プライベートにと楽しまれているそうです。

Case 5

難病で10年入退院を繰り返していたのが今では基準値内の数値に

Mさん・60代・主婦

最後は少し変わった事例で、クライアント様（Dさん）ご本人ではなく、そのお母様であるMさんに起こった変化となります。

お母様のMさんは55歳の誕生日直前、指定難病の自己免疫疾患を発症しました。病気が分かった時点で既にかなり危険な状態だったため即入院。そして、そのまま3カ月の入院治療の末、ステロイド治療の影響で顔がパンパンに腫れ、その後何度も入退院を繰り返していたそうです。

娘のDさんは、お母様の病気の発症から実に10年間にわたり、多くのことを学び、試行錯誤して食事を工夫したり、中医学の先生をつけたりするなど、献身的なサポートを続けていました。けれど、私と初めて出会った頃、Mさんの数値はまだ、基準値の14倍だったのです。

最初はMさんではなく、娘さんであるDさんがクライアントでした。Dさんはとても魅力的な人なのに、いつも自分に自信がなく、言い訳をしては自分の価値を否定してばかりいました。他人や未来を疑い、何より自分自身のことを信じられず、常に不安そうに見えました。自分の良いところは頑なに見ようとせず、否定するところだけを探し続けるのです。光には背を背け、自分の中の暗闇だけと向きあっていた当時のDさんがとても孤独で悲しそうだったのを覚えています。

Dさんには主に、思い込みの書き換えを行いました。一つひとつ、玉ねぎの皮をむくように何度も何度も。そのうちに徐々に言い訳が減っていき、逆に行動力は増していきました。いつのまにか「怖いけど、楽しい」と言うDさんがそこにいました。

ちょうどその頃でしょうか。娘さんの変化を見て、お母様のMさんも変わり始めたのだそうです。

「Dちゃん変わったね。イキイキしてるね。お母さんも頑張ってみたい。どうすればいい？」

その言葉を機に、Mさんは隠れてお菓子を食べることが減り、Dさんの言うことをきちんと聞いて実践してくれるようになりました。

それから1年後、あらゆる数値が基準値内となったMさん。「診察したお医者様の顔は？マークだらけでした！」と嬉しそうにご報告をいただきました。

私がMさんに特別何かをしたわけではありませんが、こんな風に笑顔も想いも伝わっていくんだな、と思い、思わずこちらまで幸せな気持ちになりました。

おわりに

これからの未来に、私たちには一体どのくらいの時間が残されているでしょうか。病気は防げても、いつか寿命を迎えます。自分だけは事故や天災などに絶対に遭わない、とも言い切れません。

それを憂いて欲しいわけではありません。まだ起きていないネガティブな未来を考え嘆くことは何も生み出しません。それどころか、あなたにとってかけがえのない「今」を失うことになります。

人間の脳は、進化が速すぎました。

あまりに飛躍的に発達したため、いわば、原始人がいきなりスマホを手にしたようなものです。当然、まだうまく使いこなすことができていません。

人間脳と呼ばれる大脳新皮質の発達により、人は言語と創造する力を手に入れました。

それはつまり「未来」を生きることが可能になったともいえます。
しかし、未来を生きると、「今」を生きることができなくなります。多くの研究者たちによれば、それこそが人間の苦悩や葛藤を生み出している、というのです。

だからこそ、本書を通して何よりもお伝えしたかったのは

未来を憂うのではなく、
「今日を、どう生きるか？」

「今日やること、今やること」は、紛れもなく自分で考え、自分で決めています。
もしもあなたが、その人生のハンドルをどこかの誰かに奪われているとしたら、今すぐに自分の手に取り戻してください。そして「生きたい人生」の方向にハンドルを切ってください。

命には必ず終わりがきます。それがあとどのくらいなのかは分かりませんが、残され

た時間は刻一刻と減っているのです。
終わりが分かっていると、人は「今」を意識し「今」を生きることができます。

たとえば、遠方に引っ越すお友達と遊べるのは今日が最後。だから、いちばん楽しいことをしよう。

離れて暮らすことになった子ども。だから、最後はやりたいことを全部させてあげよう。

一瞬も離れていたくない恋人との別れ際。だから、穴が開くくらい顔を見つめていよう。

終わりがあることを知っていると、自然と目の前のことや幸せのため、できることにフォーカスするものです。まだ起こっていない、起こるか分からない遠い未来のことなど誰も気にしていませんし、興味もありません。

今を生きること。

今の自分を知ること。

大切な人を、今大切にすること。

届けたい言葉を、今届けること。


明日があるかどうか分からないのに、なぜ明日にするのですか？

誰かをうらやんだり、何かを後悔したりしている暇などないはずです。


「私トリセツ」を作ることは、「今」を生きる感覚をつかむことにも繋がっていきます。

そして何より、自分の心と体と向き合うことは、あなたにとって、いつも最善の答えへと導いてくれるパートナーを得るようなもの。恐怖や不安、苦悩や葛藤はどんどん消えてなくなっていきます。

他人に振り回されることもなくなり、自分にとって、より重要なことに時間を割けるようになります。


よく余命を宣告されてから「やりたいことやろう、会いたい人に会おう」と考えるといいますが、それ、「今からやっちゃえばいいじゃん！」と声を大にして言いたいのです。やらずに、またはやれずに後悔するのは一番悔しくつらいことです。お金がどんなにあっても、名声を得ても、後悔を残してこの世を去っていく人は悲しい顔をしているそうです。

私は「生きたー！」「悔いなし！」と、笑いながら最期の瞬間を迎えたいと思っています。

そのためにも自分の時間を大切にする、大切な人を大切にする。お金より何より、人と人の間で生まれる「化学反応」を楽しみながら、自分の役目を果たしていこうと決めています。

闘病や寝たきり生活を乗り越え、新たな人生を手にしましたが、まだまだやりたいことは山のようにあります。その一つは、小さい頃からの夢だったフリーダイビングという海洋競技で記録を出すことです。

去年はその第一歩である公式選手になることを叶えました。実は10年ほど前に一度始めたものの、直後に病気が次々と発覚したことで、いつしか自分の人生の選択肢からこの夢を消してしまっていました。けれど、健康になり、本来の自分を取り戻し、このメソッドでたくさんの人が笑顔になるのを見ていたら思い出したのです。

奇跡はまだ終わりじゃない。
私は、フリーダイビングで世界に行きたいんだ。

世界大会に出ることが、今の私の夢です。そして「行き先」です。後遺症を抱えた体で、正直どこまでいけるか分かりません。それでも私の中では、「夢は見るものじゃない、叶えるものだ」と思っています。
ですから、叶えるまでやり続けるだけです。

そして、そんな私を見て、「自分の人生なんてこんなもんだ」と諦めかけているどこかの誰かが「え、なにこの人、そんな無理ゲーやるの？　やばい人じゃん」と笑ってくれて、もし、ほんの少しでも勇気を出すきっかけになれたとしたら、こんなに嬉しいことはありません。

『世界は、楽しいで溢れているよ』

私が何度となく救われた、親愛なる友人の言葉をあなたに送ります。

あなたは、この世界にたった一人しかいません。
代わりなんて誰にもできません。
あなたにしかできないことがあります。あなたを待っている人もたくさんいます。
だから、大丈夫です。

それでももし、一人で心細くなったときは、いつでもお話を聞かせてくださいね。

2024年9月
小林　舞

謝辞

～お世話になったみなさまへ～

小さな頃から本が大好きで、言葉が好きで、こだわりが強く、そんなたくさんのワガママにも、ひとつの否定をすることなくいつも優しく導いてくださった編集担当の山崎さん、多くの助言をいただいた監修の手塚さん、何より「これ面白いね！　ぜひ形にしよう！」と企画を取り上げてくださった合同フォレストの松本社長、また本書の執筆にあたり、関わってくださったみなさまに心より御礼申し上げます。

最後に、両親へ。

幼い頃の家庭環境は、決して恵まれたものではなかったけれど、父も母も命をかけて私たち兄弟３人を守ってくれていたこと、自分が親になってやっと分かりました。気付くのが遅くなってごめんね。そして、生んでくれて本当にありがとう。

亡くなってから大好きだったことに気が付いた父の存在。父へ伝えたい言葉が溢れた時には、もう聞いてもらえなくなっていた。生前はほとんど会話をしたことがなかった。なぜもっと話をしておかなかったんだろう、父のことを知ろうとしなかったんだろう。これが私の人生における唯一の後悔です。

お母さん、これまで苦労した分、今度は私が一生かけて守っていくから、いつまでも元気でいてね。これからもたくさん恩返しさせてください。

小林　舞

プロフィール

【著者】

小林 舞

株式会社CoCo-VENUS　代表取締役
潜在美覚醒コーチ

1983年、長野県生まれ。

酪農家の長女として生まれ、幼少期から血の繋がらない祖母の壮絶な虐待を受け小学4年生から自殺未遂を繰り返す。社会人になっても人の顔色ばかりうかがって生きる中で、次第に自分の体と心に無頓着になり、過労と不摂生の末、34歳で寝たきりとなる。

大好きだった営業の仕事をクビになり、2年間の闘病生活を送った末に、当時の主治医から「病院でやれることはもう何もない」とサジを投げられる。絶望の淵に立たされたことをきっかけに「医師が治せないなら自分で治す！」と誓い、学びを深めたことで、実施後半年で寝たきり生活から回復。

この奮起の日々から心と体を癒やすメソッドを誕生させ、1年後には社会復帰を果たす。

現在は、どれだけハードでも不調知らずの「20代の頃より元気な40代」に。「好きなものは我慢しない」をモットーに、制限だらけの健康法ではなく、食いしん坊ならではの欲張り健康法を提唱。「病院に行っても良くならない、痛みや悩み」を抱え苦しむ人の体と心を癒やすパーソナル指導やセミナー、講座を行う。


【監修】

手塚勇輔

博士（ヘルスサイエンス）
パーソナル薬膳コーチ

理学療法士の国家資格を取得後、総合リハビリテーション病院にて様々な臨床経験を積む。長年の体調を改善するべく様々な情報を模索する中で、中医学・薬膳と出会い、東洋由来の体質改善法を実践したところ、健康かつエネルギー溢れる体に生まれ変わることに成功。

より多くの人にこの可能性を届けたいという使命を見出し、現在の活動を開始。これまで延べ約４万人以上の人に健康指導・コンサルティング・カウンセリング等を実施。その他には、商業出版やFM横浜のラジオ番組への出演、健康や美容分野の講座監修、専門書・論文の執筆、発信活動など多岐に渡る。

企画協力　有限会社インプルーブ　小山睦男
編集協力　いとうかよこ
装幀・本文デザイン　ごぼうデザイン事務所
図版・イラスト　丹村晶子
校正　菊池朋子
カバー写真　原田翔太写真事務所

私トリセツ

誰かにとっての「良い子」を手放して本当の自分になる方法

2024年10月21日　第1刷発行

著　者　小林 舞
監修者　手塚勇輔
発行者　松本 威
発　行　合同フォレスト株式会社
郵便番号 184-0001
東京都小金井市関野町1-6-10
電話 042（401）2939　FAX 042（401）2931
振替 00170-4-324578
ホームページ https://www.godo-forest.co.jp/
発　売　合同出版株式会社
郵便番号 184-0001
東京都小金井市関野町1-6-10
電話 042（401）2930　FAX 042（401）2931
印刷・製本　モリモト印刷株式会社

ISBN 978-4-7726-6250-5　NDC498　188×130